相信亞太 讓您游刃有餘縱橫海外

知己知彼 百戰不殆

古人說：「秀才不出門，能知天下事。」但秀才畢竟不是投資人，知或不知天下事，對其荷包肥瘦並無影響。反觀台灣很多房地產投資者，資產由國內擴及海外，但卻未必全方位知曉國際房地產的市場行情與趨勢。不知天下事而貿然碰觸海外地產的後遺症，近年逐漸浮現，主因是台灣海外投資風潮大約始於 2011 年，當時購買預售屋後，歷經 3、4 年營造，近年陸續交屋才開始發現問題叢生。

有些是房屋品質不佳，回頭去找當年的代銷業者，往往人去樓空；有些是想把房屋租出去，但當地市場未必有良好的出租與管理公司；就算順利出租後，後續管理與修繕事宜，往往也相當令人頭疼。對投資端的屋主來說，海外一趟的旅途遙遠，無論是相對較近的日本，或相對較遠的馬來西亞、泰國或柬埔寨，往往機票來回一趟可能就是一、兩個月的租金收益；對於當地租屋客來說，屋主遠在海外而鞭長莫及，往往也成了租客住霸王屋、不繳房租的問題肇因。

我從事房地產行業近 30 年，早在 2011 年便嗅到國際地產的未來趨勢，因此成立亞太國際地產，開始銷售馬來西亞首都吉隆坡與依斯干達的優良建案給國人。有鑑於當時國人投資海外不動產常遇到諸多不便與陷阱，因此決定做個創舉，在馬來西亞當地開設店面，並提供完整銷售服務，打破當地房地產單一靠行、無公開店面的傳統銷售模式。其後，為解決投資人交屋後的難題，亞太國際地產不斷延伸出周邊服務，最終形成業界唯一擁有交屋、裝潢、法律、代租、代管、代售等一條龍服務的國際地產公司。

近年來，亞太國際地產持續擴張版圖，除原有的馬來西亞分公司外，同時也在澳洲墨爾本、英國倫敦設立辦事處，並陸續於中國上海、廣西南寧、四川成都、香港、泰國曼谷、菲律賓、柬埔寨等地，成立分公司或辦事處。最後，我們首創了亞太「聯銷平台」，推動「一國建案，全球銷售」的房產貿易化銷售模式，將各國建案交叉銷售以擴及全球優質客戶，順利將台灣房地產銷售推升到無國界的跨境層次。

然而，海外投資風潮於 2013、2014 年爆熱後，一窩蜂的亂象也蜂擁而現，像是海外建商與國內仲介公司聯手，只提供片面的、單一國家的訊息給客戶，讓客戶在未能掌握國際地產趨勢下，便貿然涉入海外市場，導致後患無窮，甚至不少旅行社、移民公司與跑單幫的商家也因地利之便，順便推案給國內投資人，最終都因資訊片面、屋況品質良莠不齊與交屋後欠缺配套管理方案而問題叢生。

這些問題，讓我萌生了出版一本海外不動產投資專刊的念頭，希望所有有興趣於海

外地產的投資人受惠，不僅可以藉此窺視全球地產行情的脈動，更聚焦剖析國人最有興趣的東協十國，讓投資人可以跳脫台灣本位思考的狹隘觀點，進而從環球視野、在地思維來了解海外不同國家之不動產市場的真實面貌。

所謂「知己知彼、百戰不殆」，唯有充分了解國際地產的變化趨勢，同時深入掌握不同市場的民情、文化、房價趨勢、法律規範、稅務法規，甚至是匯率波動等事宜，國人的海外地產投資才有可能立於不敗之地。舉例來說，柬埔寨首都金邊的房價已與馬來西亞吉隆坡相去不遠，但柬國人均所得仍在 1,000 美元上下，僅是馬國人均所得的十分之一，導致兩地的消費力道相去甚遠，也決定了地產市場的熱絡程度。若國人不知這些資訊，僅以台灣經驗出擊，就可能錯認兩地的市場一樣熱絡，導致決策失之偏頗。

此外，在房屋管理方面，海外不動產管理也不能以台灣經驗來評估衡量。例如，馬來西亞曾為英國殖民地，民情偏向英制，像是馬國當地雖不乏房屋代租、代管業者，但代管並非採統籌統包制，而是郵費、車資、油費、鐘點費等都可實報實銷，因此投資客所要支付的費用並非固定不變，往往造成不諳當地民情的台灣房東的困擾與損失。即使代租、代管服務相當成熟的國家如英國，當地法規規定屬於宿舍型公寓就只能出租給學生，這與台灣情況不同，因此投資人若只看租金年收益率 8% 便貿然下手買進，可能就會錯估形勢。

以上種種問題，往往是國人進行海外投資的最大死角與陷阱所在。因此，這本專刊不但將提供給投資人海外不同地產市場的資訊全貌外，更希望能透過如何慎選代銷及管理公司的 know-how，以避免誤踩地雷，讓當時興沖沖買入的海外地產成為日後的燙手山芋。

我認為，好的地產公司在協助客戶做海外投資時，應秉持「客戶立場」為出發點，從初期開發商風評調查、建案品質評估、銷售前各項準備、看屋考察團規劃、簽約匯款、交屋驗屋，一直到後續代客出租、代客管理、代客出售、法律諮詢及設計裝潢等，都應該要能夠全方位地服務，或者提供配套服務給客戶。

從「客戶立場」出發，以「客戶的心」為己心，是我長期從事海內外房地產服務所念茲在茲的初心。希望對有志海外不動產投資的朋友來說，這本專刊能協助您環顧天下、縱橫國際地產而游刃有餘，並讓財富更上一層樓。

唯有充分了解國際地產的變化趨勢，
同時深入掌握不同市場的文化與政經情勢，海外地產投資才能立於不敗。

亞太國際地產執行董事
中華民國不動產國際代銷協會 創會理事長

秦啟松

CONTENTS

COLUMN 海外置產大趨勢

007 趁地利之便
把握東協潛在商機
譚瑾瑜：了解東協
從文化多樣性找商機

008 海外投資獨家心法大公開
紅色子房：首重安全
必看「三環三線」

009 工欲善其事 必先利其器
曾宇正：海外置產
從認識經濟數據開始

GOLD KEY 海外投資 5 關鍵

010 搭建安心獲利的致勝道路
海外投資 5 關鍵
轉開致富
GOLD KEY

THREE STEP 投資檢測 3 步驟

026 跟著 3 步驟投資去

TARGET 投資東協

028 掌握東協
下個 10 年
圓一個海外投資夢

TARGET 投資世界

052 掌握世界
精準布局
全世界都是黃金海

RECOMMEND 人物推薦

068 優質才值得信任！

亞太報名　　亞太官網

Global Real Estate
跨境地產投資 錢進全球黃金海
出刊日期　2018 年 02 月 12 日
出版單位　亞太國際地產股份有限公司
地　　址　台北市中山區南京東路三段
　　　　　68 號 5 樓
電　　話　02-2500-7676
網　　址　www.estateap.com/

發 行 人　秦啟松
總 編 輯　亞太國際地產
　　　　　全球行銷策畫處
編輯委員　楊牧樺、曾宇正、張瑞翔
企　　劃　劉言中、楊靖如、秦鈺書
編輯製作　商周編輯顧問股份有限公司
電　　話　02-2505-6789 分機 5515
圖片來源　shutterstock

※ 國外不動產投資，具有風險性，請投資人詳閱行銷文件並審慎考量後再行交易
※ 亞太國際地產股份有限公司 李佩珍 96 東經人字第 000064 號

INTERNATIONAL
LAND DEVELOPMENT SERVICE

APIP leverages our resources overseas in order to create the leading platform for Taiwanese developers and institutional investors to play a role in global marketplace.

—— 一手掌握國際土地投資開發 ——

國際土開服務

買賣 代理
Agency Service

投資 分析
Investment Consultancy

調查 評估
Due Diligence

定位 規劃
Product Positioning

整合 開發
Resource Integration for Developers

租賃 服務
Leasing Service

海外地產投資 首選品牌 **0800-096-699**
land.estateap.com

台經院
主任
譚瑾瑜

譚瑾瑜：了解東協 從文化多樣性找商機

趁地利之便 把握東協潛在商機

近年來，東南亞國家經濟在全球新興市場中表現耀眼，讓各國皆將眼光聚焦到該地區。除了日本深耕已久之外，中國大陸近來也以「一帶一路」大戰略與東南亞國家對接，韓國則透過「新南方政策」深化合作。

台灣也在此時推動「新南向政策」，希望加強與東南亞國家的雙向合作。比起歐美市場，台灣其實離東南亞更近，應發揮得天獨厚的地理優勢，多加瞭解東南亞國家經濟現象，把握龐大的潛在商機。

經濟與人口紅利趨動市場成長

根據國際貨幣基金（IMF）的最新預測，2018 年東協國家的平均經濟成長率預測值為 5.1%，比世界平均經濟成長率預測值 3.7% 高出許多。再加上東協十國人口高達 6.5 億人，同時有 60% 的人口平均年齡在 35 歲以下，可提供具有競爭力的勞動力市場。

在經濟成長與人口紅利交互影響下，東南亞國家人民收入逐漸增加，並衍生龐大的消費需求。根據尼爾森 2017 年第 2 季的消費者信心與支出意向的調查報告指出，菲律賓消費者信心高居世界第一，印尼、越南與泰國也排名世界前 10 名，反映出東協消費者對未來相當樂觀。

文化多元又力量集中的東協市場

東協國家種族多元、語言多元、宗教多元，所以各自形成具有獨特的文化與喜好，進而發展出多元的消費行為。例如，東協有 40% 的人口信奉伊斯蘭教，而伊斯蘭教規條對藝術、服飾、飲食等都有規範，故發展出獨特的伊斯蘭商業模式，諸如清真食品、「伊斯蘭債券」金融商品等。

另外，東協第二大國菲律賓，則是該區域內唯一以天主教為主要宗教的國家，許多商家會在聖誕節推出促銷活動，帶來驚人的聖誕商機。因此，基於東協多元性的特色，在前進東南亞地區時，應當多加了解並尊重東南亞地區的文化多樣性。

東協國家雖在文化上各有不同，但在 2015 年年底成立東協經濟共同體（AEC），則有鑑於各國經濟實力不同，給予不同程度的開放期程，整合集中東協的力量，讓 AEC 成員可以逐漸朝向自由化的目標前進。目前東協區域內關稅減讓比例已有 96%，僅有汽車等部分品項延至 2018 年。

除了成立 AEC，東協國家亦與日本、韓國、中國大陸、印度、澳洲及紐西蘭一同推動區域全面經濟夥伴關係協定（RCEP），而東協中的越南、汶萊、馬來西亞與新加坡等 4 國，更參與跨太平洋夥伴全面進步協定（CPTPP），顯示東協不僅希望深化區域內的經濟合作，也戮力於拓展全球區域經濟整合版圖，展現經濟整合之雄心。

紅色子房：首重安全必看「三環三線」

海外投資獨家心法大公開

子房學院
投資顧問
蘇明俊

根據「全球物業指南（Global Property Guide）」的評比，台灣租金投報率為亞洲最差，在全球亦吊車尾，導致國內投資者的目光漸漸轉向海外。

目前投資海外有兩大潮流，保本型投資人偏好成熟國家，包括美、英、紐澳、日本等，投報率約 5% 以上。尤其台灣有哈日情結，近幾年東京置產有增加趨勢；投資美、英、紐西蘭、澳洲的多半因子女留學，直接買屋「以房養學」，自住外還可分租，讓孩子賺點零用錢。

另一股投資風潮則湧向東協，越南、泰國、柬甫寨、馬來西亞、菲律賓等 GDP 成長高的國家，平均投報率在 7% 以上。這類型投資人通常較年輕，約 30 ～ 40 歲左右，因進入門檻較低，像在柬甫寨、泰國，約 200 萬元台幣就能購入套房。

用三環三線　評估海外投資機會

高獲利意味著高風險，知名地產投資顧問紅色子房（蘇明俊）指出，除投資政經局勢穩定的國家外，海外投資也必須選擇信譽良好的建商，像菲律賓有幾個國家級建商，大到不會倒，有點像台灣的國泰建設，購買優質建商蓋的房子較有保障。

一般人該如何評估海外投資機會？紅色子房有一套「三環三線」的獨門心法。利用「產權環、物管環、稅務環」，進行風險管理與成本控制；再搭配「匯率線、租金線、房價線」，來檢視實際的投資收益，進而挑選出適合的海外標的物。

海外置產必須先弄清楚產權，不是每個國家都像台灣，私人可擁有土地建物產權，且不能只看表面收租進帳，還要考量物管成本，同時要把日後出場的稅負計算進去。投資不動產，要不是為了收租，不然就是為了賺價差，租金線、房價線都要持續向上，不能只維持幾年就下滑，也要注意匯率，以免賺了房價，卻賠了匯差。

海外置產首重安全　有無售後服務為關鍵

由於標的物遠在海外，無法時時看顧，可用「Overseas real estate（海外房地產）」關鍵字，搜尋欲投資國家，就會跑出相關情報。如果賣外國人的價格，明顯高於在地行情，就去考考仲介，中間價差的原因。

海外置產首重「安全」，紅色子房建議，投資前一定要當地考察，起碼看兩次。並且留意有無售後服務，國內仲介最好與當地業者有合作關係，或是有海外辦事處幫忙處理後續，像代租代管、繳稅、繳水電之類，讓投資人從進場到出場，都找得到負責窗口，投資較為安心。

曾宇正：海外置產 從認識經濟數據開始

工欲善其事 必先利其器

隨著海外投資置產的趨勢越來越火熱，對台灣房地產沒信心的投資人紛紛將目光移轉至海外，不過海外置產風險不小，怎麼買最安全成為許多投資人的首要考量。秉持著「知己知彼、百戰百勝」的精神，亞太國際地產副總經理曾宇正建議，想安全的投資海外房地產首先要留意當地國家的經濟數據，像是 GDP、人口數量變化、年齡層分布、人口結構等，是抓住海外國家經濟成長趨勢的關鍵。

釐清自身需求 尋求最佳標的

然而，每個國家的經濟數據繁多，如何看對重點，進而篩選出最佳標的物是另一項關鍵，曾宇正表示，每個人投資的出發點大不相同，在投入市場之前要搞清楚自己是要賺租金還是賺價差，唯有釐清自身的需求，投資成功率才會提高。

比如說希望能賺到資本利得投資人，建議要優先挑選人口結構年輕的國家，若以圖形來比喻就是金字塔形狀，上方老年人口少，下方年輕人口多，像是馬來西亞、柬埔寨、菲律賓、泰國等國，都是有人口紅利國家，可以優先考慮。反觀台灣、日本則是呈現倒三角形，老年人口多、青壯人口少，相對不建議尋找這些國家標的物。

若是希望收租金的退休族群來說，則建議去尋找房價低但租屋市場熱絡的國家，包括日本、泰國、澳洲等國。日本房價雖處於低迷，但大城市的租屋需求強勁；泰國則因為觀光活絡，租屋市場也相對活絡；澳洲有房價波動度低，且寬限期長達 15 年的優勢，加上全球在此留學者甚多，移民人口不斷攀升，所以很適合收租族群。

投資置產找亞太 省錢、省時又省事

先了解當地國家的經濟數據，事實上並非上網搜尋這麼簡單，曾宇正強調，必須留意當地國家利多新聞的真實性，詢查官方資料後，才能確認是否是真實的利多。例如一個國家的往返人口報載有 600 萬人次，這時就需要去查出入境資料等官方資料，更能確認這項利多的真實性。

除了事先的資料搜尋很重要之外，在海外投資置產過程中，透過哪個代銷公司也很重要，亞太國際地產的優勢在於掌握在地建商資訊上相當謹慎，對於建商是否拿到銷售、建築許可都能即時掌握。而且強調不賺價差，透過亞太購買的海外房產跟本地人購買的是一樣價錢，更重要的是亞太有一條龍服務，從交屋到出租、管理、出售等都有，可以說是省錢、省時又省事。

亞太國際地產
副總
曾宇正

搭建安心獲利的致勝道路

海外投資 5 關鍵
轉開致富
GOLD KEY

因台灣打房因素，使得資金奔走海外房地產，除了中國市場外，台灣人最喜歡的地點非東南亞國家莫屬。資金無國界，除了需秉持「胸懷世界」的心胸去投資海外房地產外，擁有正確的觀念進場投資，才能穩守本金同時賺取收益。

對於第一次投資海外房地產的人來說，一切都是新鮮且陌生的，特別是海外各國市場的法規、政治經濟、風俗民情都不一樣，究竟要怎麼買才能賺錢又能夠安心？正如同所有投資一樣，投資有賺有賠，其中的關鍵在於風險的控管。

然而，最有效的風險管理在於透徹了解所有投資標的周邊資訊，因此本刊特別邀請財經專家賴憲政、盧燕俐、呂翊榮、亞太國際地產張瑞翔總監等，透過案例分享其經驗法則，並整理出投資海外房地產的五大關鍵，期許能為海外地產的首購族開拓一條投資的致勝道路。

GOLD KEY 1

盤點自身
投資目的

在進入低利時代的今日，越來越多人開始利用分散投資的方式來降低風險並累積財富，然而可以投資的管道很多，像是共同基金、股票市場、債券、保險、海外金融工具、海外不動產等，都是可以考慮分散投資的對象，但最終的關鍵還是須視投資者的需求為何。

近年來表現亮眼的海外地產便是投資的熱區之一。財經專家呂翊榮認為，海外房地產的優勢在於可以跳脫台灣的地緣政治與經濟因素的環境影響，直接參與到國際投資動能的成長態勢。此外，若對台灣的長期投資感到不確定與憂慮，也可透過全球投資布局，來分散風險。

股票分析師／暢銷財經作家
賴憲政
經歷：大興證卷常務董事、萬盛投顧總經理、建弘投顧副總經理、新光證卷總經理、國家考試合格證卷分析師

財經專家
呂翊榮
經歷：BNP Cardif Training Head、上市金控銀行財富管理部經理、上市金控證卷資產管理部協理、上市保險公司營業處經理

財經專家
盧燕俐
經歷：樂富文化負責人／亞太國際地產顧問、萬寶周刊編輯總監、Smart 智富月刊總編輯、今周刊副總編輯

亞太全球行政總處總監
張瑞翔
經歷：群創科技工程師、新日光能源科技主任工程師、亞太國際地產中區營運處經理、南區營運處副總經理

綜觀許多投資海外地產的投資人，有一個很大的問題在於「不知道自己要什麼」？看到哪裡獲利就想往哪裡去，而沒有針對自身的需求與當地的環境進行深入研究分析。擁有多年投資經驗的財經專家盧燕俐建議，投資人首先要釐清自身的投資目的，例如想要有增值空間，賺取房價利差，就不該選擇日本，而該選東協等新興國家；而若想要穩賺租金收益，講求安全性高的投資，則可以選擇日本、英國等成熟國家，租金收益率在5%，甚至10%以上都有可能。

財經專家盧燕俐特別舉出了一位日籍台灣人的案例，她在日本擁有許多個房產，手上現金也多，她的需求是在不要有贈與稅或遺贈稅的情況下，把資產轉移到下一代名下。由此可知，最符合他需求的投資標的是新加坡、馬來西亞和澳洲，因為這些國家在房子賣掉後才會課徵資本利得稅，但不會課徵贈與稅。

另一個案例是一位對於匯率波動較為敏感的投資人，他希望能投資在匯率波動度較低的國家，由這個投資需求出發，就可以先把一些新興國家屏除在外，因為通常它們的匯率波動相對較高，穩定度低。反而是泰國這種觀光發達的國家，匯率相對穩定，一年租金收益率可達4%到6%，房價漲幅每年平均來說有8%到10%，很適合穩健型的投資人。

從上述幾個案例可以清楚發現，前進海外房地產市場第一項關鍵要點，就是了解自身的投資需求，再從自身的需求中分析不同國家的屬性與法規，進而找到一個最適合的投資標的。因為想要從

了解自身投資需求，從需求中分析不同國家屬性，進而找到投資標的。

一項投資中同時賺到租金與資本收益是相當不容易的，所以最好將不同的投資需求，分散到不同屬性的國家。此外，分散投資前也需要衡量自身的經濟狀況，再進行海外投資，以保資金調動上不會出現缺口與危機。

每個人的投資獲利的需求都不同，應將不同的需求分開進行。

分散投資須衡量自身的經濟狀況，以確保資金不會出現缺口。

TIPS

· 投資前先釐清自身的投資目的
· 將不同的投資需求分開進行
· 衡量自身經濟情況

GOLD KEY *2*

做足功課
了解市場

每個海外市場的政經現況、文化風情都不同，
在投資前必須做足功課了解該地市場。

一般人剛開始投資海外房地產時，對於當地市場大多是很陌生的狀態，但一旦決定進場投資，做功課對該市場情況深入了解是必要的。因此，海外投資的第二項關鍵，就是去進行各個國家情報的蒐集與分析，進而挑選適合自己的國家市場。

海外投資簡單來說，可分為賺取租金收益及賺取房價差額兩大部分，若喜歡有穩定租金收益，一般會挑選政經發展穩定的成熟國家；若要著重在賺取房價漲幅的價差，則會選擇新興國家。但要如何掌握各個國家的屬性，聆聽專家演講來解析是最快的方式，專家不僅會先收集好完備的資訊，更分門別類的規劃，針對不同需求進而分析，讓投資者迅速入門。

聆聽專家演講是最快了解各國房地產現況的方式。

先從網路蒐集相關資訊釐清自身問題，再詢問專家，更能聚焦。

了解各國市場資料來進行風險控管，讓投資更加全面多元與穩定。

此外，有完整規劃與布局的代銷公司也會提供各種說明會給投資人了解。財經專家盧燕俐建議投資人，不同的代銷公司只要有辦就去聽，才能累積許多經驗，然後從中去做比較。不僅要比較各個國家的資訊，也可以比較出不同代銷公司的分析力度，再去做選擇。

財經專家呂翊榮建議，除了透過代銷公司的資料與分析外，自己還是要做一些功課，現在網路無遠弗屆，可以很輕易地收集到一個國家的政治與經濟相關資訊與報導，經由自身蒐集，並釐清自己的關鍵問題後，再去詢問代銷公司，反而更能聚焦。像是海外投資的第一個觀察點為「人口紅利」，因此在搜尋各國資料時要優先著重於有人口紅利成長的區域，才可以伴隨著國家的發展而直接受惠。

簡單來說，了解各國市場資料的最大重點，是能夠進行風險的規劃與掌握，因為凡投資都有風險，前提是這樣的風險是否能為我們所接受。積極的投資人可以選擇新興市場的區域標的做考慮，雖然過程中可能會有些波動，但長期角度來說都可以有很好的報酬；保守一點的投資人可以選擇成熟市場做標的，搭配成熟國家的景氣復甦，或是穩定的租金收益性，讓投資更加全面多元與穩定。

TIPS

· 蒐集各國資訊透過聆聽專家演講最快

· 可經由各代銷公司舉辦的講演去多方蒐集

· 自己也需要做功課來聚焦標的

· 透過資料分析進行風險控管

GOLD KEY *3*
選擇優良代銷公司

由於海外地產投資，大多透過代銷公司進行，因此如何挑選體質好的代銷公司，就是海外置產的第三項關鍵。財經專家呂翊榮提供了三大標準，作為投資人挑選的依據。第一個重點是先去觀察一家公司過去的風評口碑，這是最實際的市場回饋，由於網路的資訊眾多與雜亂，多打聽、多詢問準沒錯，特別是有社會地位的知名人士的推薦，優質的代銷公司絕對經得起消費者的檢視。

第二個重點是觀察公司設立的完整性，是否有國際化、全面化的布局。第三點是海外房地產投資相關的作業文件、法令、稅務、所有權取得、委託包租代管等林林

由於海外投資地產大多透過代銷公司，因此挑選體質好的代銷公司甚為重要。

總總服務是否齊全，因為這些服務需要具經驗與專業的業者協助與帶領。

客戶證言
最好的公司提供最好的服務

代銷公司的風評與回饋從已投入海外市場投資的客戶口中觀察最精準，在海外擁有房產的 Vivian 表示，她因常往返國外出差，再加上對海外投資向來感興趣，所以相當關注這個領域的代銷業者，其中亞太國際地產從一開始給予的相關投資資訊、購屋的流程，交屋的教育訓練，專人陪同交屋驗屋、在地的經營與服務等，都讓人印象深刻。

Vivian 舉例表示，她原本在吉隆坡買了一間大樓的 49 樓，在簽約同時她隨口說了一句「原本想買更高層樓」，想不到這句話被亞太的顧問記在心上。簽約後幾天，Vivian 接到亞太來電告知有更高層樓可以換約，讓她受寵若驚。Vivian 說：「當時我已簽約完成，亞太大可不必多做這項「白功」，但他們看到了客戶的需求，把客戶放在優先的位子。」

另一位於海外置產的何先生認為，代銷公司是否有在地的服務很重要，要是買了海外房地產卻沒人管理，不僅風險高，也會讓人整天提心吊膽。對此，他詢問過很多相關業者都沒有提供這類服務，最終找到了亞太國際地產，其一條龍服務讓何先生能安心的勇闖海外投資。

由於何先生同時購買了馬來西亞新山及日本兩處的房子，對於兩處的收益規劃也有所不同，很需要代銷公司的協助與分析，亞太所給予的投資建議不僅精準且到

好的代銷公司是在獲利後，才能看出其服務的價值。

好的代銷公司是在獲利之後，才能看出其服務的價值。

位，深受何先生的信任。何先生特別提到了亞太國際地產專屬開發的「亞太之友」APP，透過這個 APP，他可以隨時查看所購買物件的建造進度，繳款狀況及後續租管等服務，亞太做到了全面與專業。

於英國置產的黃小姐更深深感受到挑選代銷公司的重要性，她在一開始前往海外投資時，總是戰戰兢兢，加上新聞中，海外房地產吸金的報導時有所聞，讓她即便是已經購買了，還是覺得擔心害怕。然而亞太國際地產的完善服務，讓她轉變了這個心態，至今對於投資海外地產感到相當放心。

黃小姐回憶道，當她購買英國地產之後，跟她對接的亞太業務員就離職了，但她卻沒有像是買保單一樣變成孤兒保單，而是馬上有專人接手進行服務，她的所有疑問不僅即刻進入狀況，回覆的也很確實，這讓黃小姐深受感動，也把糾結的心放了下來。

好的服務不是一個點，而是一個面，這也可以從代銷公司在全球的布局策略看出。

司除了服務以外，還要看該公司的布局策略，是否僅是幾個點，而非整個面。像是亞太所提供的服務，並非侷限在他們正在經營的各國據點，即便是還沒有開始在地營運的國家城市，也能提供相關客觀資訊與分析資料給投資人，這呈現出亞太對於未來發展趨勢與全球布局規劃，已有了全方位的思維與策略。

財經專家呂翊榮認為，綜觀國內的海外不動產代銷公司當中，亞太國際地產具有相當多優勢。首先，亞太在十多個國家皆設有營業據點，可說是國內第一。其次，亞太擁有世界第一的銷售管道，可協助已購客戶或有意出售的客戶轉手房子。第三，亞太的「全球聯銷平台」與其他房仲業者合作，可協助亞太客戶不只將房產在地銷售，也可以賣到其他國家。舉例來說，例如台灣的客戶買了吉隆坡的房子，過了5年想要出售，就可以透過亞太的全球聯銷平台出售給新加坡、泰國等其他國家的買方，而不僅限於馬來西亞當地的買方，等於大幅增加了銷售管道與機會。

從這些客戶案例中可以發現，好的代銷公司「是在獲利後，才能看出其服務的價值」。因為真正全面的服務是與建案同步進行的、與客戶同步成長的、與獲利同步維續的。

好的公司不是給一個點
而是一個面

除了與地產投資相關的服務之外，好的代銷公司也會提供額外、多元的軟性服務，包括品酒會、餐食會等，因為好的服務「不是一個點，而是一個面」。從投資的點擴及到生活的面向，不僅能讓投資人提升國際視野及生活品味，同時又能藉此搭建更寬廣的人脈平台。

從點到面並非只是談服務，好的代銷公

海外投資從 0 到 1 的那一步很重要，因此挑選好的代銷公司相當關鍵，除了從顧客回饋、公司布局、服務向度來觀察外，實際銷售的成績也是一項重要的參考指標。呂翊榮表示，以亞太目前出售超過 6,000 戶海外房地產的數量來看，對於海外資產銷售管理經驗絕對是台灣之冠。

TIPS

· 從已購買客戶的回饋做為參考

· 從全球布局的營運策略做為參考

· 從服務的全面性做為參考

· 從實際銷售的成績做為參考

GOLD KEY *4*

一條龍式
售後服務

前幾年海外投資風潮興起時，台灣對於投資海外房地產的法規並不完整，導致許多非房地產相關的業者，透過低價、不收取服務費等話術，來吸引投資人。但因其非專業背景，導致在消費者購買後常出現當地建商倒閉、建案拿不到使用執照、建案無法提供後續服務的相關問題產生。

像是投資海外房地產最大的風險在於不對稱的資訊與不完善的售後服務。不對稱的資訊會讓投資人在不了解的情況下吃大虧；不完善的售後服務更容易讓投資人舉步維艱，對於投資海外房地產更加產生懷疑。因此，挑選合法專業的代銷業者，提供完善的售後服務，甚為關鍵。

買房有錢就行，但真正的關鍵還是買房後的相關管理，因此售後服務是重要的一環。

業界唯一
亞太白金級管家服務

　　由於海外房地產無法時刻照顧到，房地產代銷公司的售後服務相當重要，選擇有一條龍服務的公司，在交屋、驗屋、承租、管理，乃至於後續的買賣，都可以安心。亞太國際地產張瑞翔總監表示，亞太是海外房地產業界唯一一家擁有代租、代管、代售等「白金級管家服務」的國際型房地產公司，所謂白金級管家的服務範疇與核心目的，其實就是售後服務。

　　亞太國際地產引以為傲的「六大白金服務」是指協助交屋、委託租賃、委託管理、委託銷售、裝潢服務，以及法律諮詢等六大項服務。簡單來說，就是消費者從產生購買行為後，到後續的追蹤、交屋、租屋、管理、銷售等一條龍式服務。張瑞翔總監特

別強調：「買很簡單，有錢就行了，但對於海外投資來說，售後服務才是最重要的關鍵。」

舉例來說，亞太國際地產在客戶簽約購買後，會主動提供預售屋的照片給已購買客戶，讓客戶知道他們所購買的房子目前已進行到哪一個階段，讓客戶產生安心的感覺。同時，若購買預售屋，也會主動並提前提醒客戶繳款的時間與進程，讓客戶有心理準備，知道何時需要去繳房屋款項，不會錯過了時間。

張瑞翔總監強調，亞太國際地產是正規且專業的房地產業者，因此對於海外房地產投資容易出現的種種問題相當了解，因此能帶領投資人穩

買很簡單，有錢就行，但對於海外投資來說，售後服務才是最重要的關鍵。

過去由於台灣對海外房地產的法規不完整，導致發生許多消費上的糾紛。

亞太國際地產
ASIA PACIFIC INTERNATIONAL PROPERTY

14 Countries
26 Cities
EMBRACING THE WORLD
ENRICHING TAIWAN

China Chengdu

中國 成都營運處

柬埔寨 金邊營運處

Taiwan

Philippines

Thailand

Cambodia

泰國 曼谷營運處

台灣 台北全

Malaysia

馬來西亞 依斯干達分公司

馬來西亞 吉隆坡營運處

菲律賓 馬尼拉營運處

亞太的白金級管家服務，是業界唯一在各國有營運據點，並提供代租、代管、代售服務。

定地前往海外置產。亞太除了在當地設立直營的據點外，也聘請當地國家的員工，同時也獲得多項 ISO 認證、金鋒獎與許多服務相關的獎項。

深耕市場
回購率高達 7 成

　　完善的服務也需要觀察代銷公司在該國市場投注的心力。以馬來西亞為例。亞太在吉隆坡有一個總部大樓即將完工，這是亞太跟當地建商合作，並且以亞太為名的大樓，代表了亞太國際地產在當地市場深耕經營的決心。

　　亞太另一個決心可以從不計成本的投入市場看出來，由於在馬來西亞開房地產仲介公司屬於特許行業，因此亞太國際地產透過與當地人合作開設直營店，此舉自然會墊高許多成本。

　　此外，在馬來西亞開設實體店面需要

台灣 中台灣分公司

台灣 宜蘭營運處

台灣 桃園營運處

即便外語不通、流程繁複，亞太所提供的一條龍服務，讓投資人不用擔心種種問題。

建案內，每個租管中心配置 10 名人員，以方便後續直接服務客戶。張瑞翔表示，這些投入在市場的花費雖然高昂，但也唯有這樣的配置，不僅對購買客戶的後續租屋、管理更有保障，也對亞太的永續發展帶來長期的競爭力。

更難能可貴的是，亞太並未把這些服務費全部轉嫁到客戶身上，在後續收費上，協助交屋、貸款諮詢等服務都不收取任何費用，僅有代為租屋收取 1 個月租金、代為管理則收取每月租金的 10%，都是比照台灣的標準在進行。目前亞太共成交了超過 6,000 戶，其中有近 3,000 戶已經交屋，正因為提供了完善的售後服務，所以亞太已購客戶的回購率高達 7 成。

已購客戶黃小姐表示，亞太最吸引人的關鍵就是一條龍服務。因為她從來沒有買過海外的房子，也沒辦法經常性海外往返，因此亞太提供的一條龍服務讓他不用擔心這些問題。更棒的是，由於她外語不好，英國建商的書信往來內容，亞太會協助翻譯內容後告知她。此外，在繳費之前，亞太也會提前主動告知相關流程，這些服務上的細節都是讓她很感動的地方。

許多相關證照，一張經紀人執照可以聘請 20 個員工，而以亞太在當地的員工人數來看，至少需要 3 張執照，而租用一張執照的每個月租金是新台幣 7 萬元至 8 萬元不等，因此，光是租用 3 張經紀人執照的費用就要 20 多萬元，而這還不含租用店面等其他費用。

同時，亞太在吉隆坡有 4 個租管中心，這 4 個租管中心是直接設在已經交屋的

TIPS

· 售後服務是挑選海外地產代銷公司的重要關鍵
· 完善服務包含了從購買、交屋、出租、管理、銷售、後續追蹤等一條龍式服務
· 要有完善服務也需觀察代銷公司在該國市場投注的心力

GOLD KEY 5

重視風險
勝過報酬

由於海外房地產投資的風險相對較大，一般投資人在前往海外投資時要特別留意風險，因此，在投資時的風險意識絕對要遠大於報酬，也就是一定要把風險擺在第一位，報酬其次。

政經面風險評估

財經專家賴憲政強調，風險控管首要了解地緣政治的情勢。要挑選政治環境較為穩定的國家，對於當地房地產市場的風險程度也會相對較低，像是一些已開發國家，因為政經情勢穩定，持有該國房產的風險性就較低，也不會因一個政治事件就導致投資心血付諸流水。

此外，要了解海外投資的風險與效益也可以透過總體經濟面去了解，包含人均

投資時的風險意識要大過於報酬，以免不僅沒得到獲利，更導致虧本。

海外投資需注意匯率上的風險，掌握匯率更可能帶來另一層收益。

投資之前一定要向業者索取不動產說明書進行了解，降低交易糾紛。

在投資時，一定要把風險評估擺在第一位，報酬其次。

GDP、經濟成長性、人口紅利等因素去多方了解。財經專家呂翊榮表示，每個人的偏好與認知各有不同，例如許多台灣人喜歡日本，日本市場本身有許多優點，但也有成熟國家的法令監管、市場成熟穩定後成長性降低等特性，在投資前也必須要考慮進去，而非隨心所欲的進行。

常被投資人忽略的還有在匯率的風險上，以新台幣的貨幣強勢時期，投入海外成長國家的貨幣弱勢時期，長期來說有不動產本身的增值空間，還可以享受匯率變化帶來的另一層資本收益，也能降低匯率帶來的風險變化。

代銷公司與合約內容評估

關於代銷公司的優劣也是風險，財經專家呂翊榮建議，投資人需實地走訪投資國家，只在國內的代銷公司辦公室或銷售中心較難掌握個案的狀況，實地去感受現場與國家狀況，是穩健慎重的步驟，也能進一步了解代銷接案的真實情況。

許多人辛苦了大半輩子所累積的財富，如果不小心挑選到說得天花亂墜，但是後續服務不佳的業者，恐怕賠錢還受氣。挑選有優良經驗的業者，也可有許多案例可以供投資人參考，如此就可知道是否合乎自己的規劃期待與投資屬性。

另一個至為重要的風險要素是中文版合約的簽定，過往由於海外房地產投資問題層出不窮，因此我國內政部在 2016 年 12 月 5 日已頒布從事海外不動產業者需要提供不動產說明書及中譯本合約。因此，在投資之前一定要向業者索取不動產說明書跟中譯本來了解。

張瑞翔總監表示，一本 50、60 頁的原文合約書，翻譯的費用大約是十多萬元，小型的代銷業者不願意支付這樣的成本，就不會提供這個服務，因此也要特別留意。

TIPS

· 風險控管首要了解地緣政治的情勢
· 即便是自己有所偏好的國家也須衡量投資風險
· 實際走訪投資國家，進一步了解代銷公司的營運狀況
· 簽約前要索取不動產說明書與合約中譯本進行了解

跟著3步驟投資去

通用電氣（GE）前執行長Jack Welch曾說過：「人對了，事情就對了。」這句話同樣印證在海外投資上：「代銷公司對了，投資就對了。」然而，怎麼挑選對的代銷公司？要觀察代銷公司的哪些服務項目？交易過程中應注意的事項又有哪些？這些問題常常困擾著投資新手們，令其卻步。別擔心，本刊特別整理出海外投資檢測的3步驟，透過簡單明確的說明，讓投資人跟著3步驟投資去！

STEP 01 公司規模
挑選代銷公司的基本規模

海外投資房地產所接觸的代銷業者基本規模很重要，一間小型公司因經營規模太小，可能只接一、二個案子就結束營業，根本談不上後續服務，甚至有可能帶領投資人買到爛尾樓，畢生積蓄有去無回。為了避免欲哭無淚的狀況，挑代銷業者第一步驟就是選規模。

從亞太品牌文化中所強調的「四個唯一，領先業界」，就可以發現投資海外尋找代銷公司基本規模的重要性。包括包括嚴選項目、駐地門市、在地團隊及售後服務…等4項服務，每一項都需具備大量的人力物力來支持，也唯有如此，一條龍的服務才能健全與完善。

亞太國際地產只與信譽良好的國際級開發商合作，並部份取得「獨家銷售權」，讓客戶買到別家買不到的嚴選項目。此外，亞太國際地產除了在台灣有13個直營據點之外，在海外已跨足14個國家、26個城市都有直營店，包含現在最夯的東協10國，亞太都擁有據點，而在地的門市、服務人員可以在購買後接上後續服務，台灣部分也有對接窗口可以直接聯繫海外，這是亞太為服務客戶，所許下的不變承諾，也是具規模的公司難以被取代的優勢。

STEP 02 合法文件
合法詳實的文件流程說明

挑選公司的基本規模後，再來的步驟就是看文件流程的說明。我國內政部已經在2016年12月規定台灣銷售海外房地產的代銷業者必須提供中文合約翻譯本給客戶，如果業者沒有提供這項服務，就必須開罰。此外，開發商的建築執照、建案建照、建案的產權說明書，代銷業者也都必須提供給客戶參考。

在交易過程中，買方在買賣時一定要注意上述文件資料是否有留底給自己，假設代銷公司沒有提供，對買方的權益保障會有問題，因此一定要向代銷公司索取一份留底。

亞太的「四大保證，客戶安心」就是秉持這項精神，把堅持不賺差價、全球同價、合法銷售、安心品質等四大保證提供給客戶。亞太更拍胸脯保證，若有違背上述事項的情事發生，歡迎投資人舉報，只要有證據證明屬實，亞太願意賠償兩倍價差給投資人。

STEP 03 售後服務
檢視完善的售後服務

第三步驟就是觀察代銷公司的售後服務。投資人在挑選代銷業者的售後服務時，一定要進行比較，選擇到真正可以幫助處理後續相關事務的業者甚為關鍵。以物業代租、代管、代售、協助交屋、裝潢服務、法律諮詢等服務為例，若能選擇到有完整服務的代銷公司，除了省去長途跋涉的時間成本，更能保障跨國投資上的各項法律問題，讓投資者無論在出租、出售時更有保障。

對此，亞太的「六大服務，白金尊榮」正是針對已購客戶所進行的售後服務。物業代租、代管、代售、協助交屋、裝潢服務、法律諮詢等六大「白金管家」服務，亞太早已行之有年，並具備一定制度與規模。目前亞太已出售約6,000間的海外物件，並且逐漸串聯起全方位的「白金管家」服務。

「白金管家」的一條龍服務，不僅從協助屋主刊登廣告、過濾房客、點交，到後續的簽約、修繕、收租、裝潢，乃至於出席管委會等各種房東需要處理的大小瑣事，全都能交由亞太來處理。同時，亞太還推出輻射屋、海砂屋的檢測，讓房屋品質有所保障。這些種種服務，都是為了讓投資人在台灣可以安心且輕鬆的獲利。

成長力道亞洲第一
緬甸

未來 5 年 GDP
成長率：**7.54%**

人口：約 **5,300** 萬

人均 GDP：約 **1,375** 美元

看好亮點〉

2010 年改革開放以來，外匯管制、銀行、電訊業等陸續開放。

2015 年翁山蘇姬所領導的全民盟大選獲勝，正式走向民主體制。

2017 年，新投資法有利外資進駐，預計重燃投資熱潮。

東協區域整合關鍵
泰國

未來 5 年 GDP
成長率：**3.14%**

人口：約 **6,900** 萬

人均 GDP：約 **6,265** 美元

看好亮點〉

接壤 4 個東協國家，是東協內部區域整合關鍵。

失業率加上通膨率為全球最低，經濟發展平穩，《彭博》：全球最快樂國度。

2015 推出「7 年投資促進戰略」，鼓勵外商投資高科技及數位經濟等產業。

亞洲經濟新虎
柬埔寨

人口：約 **1,600** 萬

人均 GDP：約 **1,720** 美元

國際競爭力排名：**89** 名

看好亮點〉

採經濟開放政策，政府熱烈歡迎外資。

美元計價優勢，減少匯兌風險。

中國「一帶一路」加持，中資蜂擁而至。

（本表為本刊編輯部整理）

擁有高端消費市場
馬來西亞

未來 5 年 GDP
成長率：**4.82%**

人口：約 **3,200** 萬

人均 GDP：約 **9,623** 美元

看好亮點〉

人均 GDP 接近 1 萬美元，高端消費強勁。

政府推出經濟轉型計畫，目標 2020 年人均 GDP 邁入 1 萬 5,000 美元。

世界經商環境排名 23，剩瑞士、法國。

---

3 大經濟協定成員國
越南

未來 5 年 GDP
成長率：**6.22%**

人口：約 **9,400** 萬

人均 GDP：約 **2,306** 美元

看好亮點〉

網路普及率東南亞成長最快，17 年來從 0.26% 成長到 52.1%。

積極將國營企業私有化，預計 2020 年國企會減少逾 8 成，僅剩 200 家。

加速銀行體系調整，開放外資持股上限。

各國數據資料來源：《商業周刊特刊》第 90 期「勇闖東協！賺一生財富」

圓一個海外投資夢

年輕人口龐大

菲律賓

未來 5 年 GDP
成長率：**6.99%**

人口：約 **1.08** 億

人均 GDP：約 **3,102** 美元

看好亮點〉

財政狀況改善，3 大信評機構調升其主權信用評級。

近 6 年國內創造超過 400 萬個工作機會，失業率大幅下降。

過去 7 年，外人直接投資增加 6.4 倍，增幅居新興市場之冠。

擁有 6.5 億人口的東協，是僅次於中國大陸與印度的全球第三大市場，GDP 達 2.5 兆美元，為全球第六大經濟體。東協最大的特色在於各國皆擁有高 GDP 成長率、中產階級收入提高，提振出高消費力，以及勞動人口眾多且年輕，展現出優勢的人口紅利。再加上先後與中國大陸、日本、韓國、紐西蘭、澳洲及印度簽訂自由貿易協定，以及成立東協共同體，讓東協成為全球最後矚目的市場之一。

國外投資居東協亞軍

印尼

未來 5 年 GDP
成長率：**5.44%**

人口：約 **2.62** 億

人均 GDP：約 **3,895** 美元

看好亮點〉

外人投資亮眼，2010~2014 平均年成長超過 50%。

實施刺激經濟措施，包含基礎建設、海上運輸、電訊等行業的免稅期。

2015 年調低燃料、電力、天然氣價格，降低運輸、礦業等行業生產成本。

認識東協 東協與東協共同體

1967 年 8 月 8 日東南亞國家協會（The Association of Southeast Asian Nations，簡稱 ASEAN）在曼谷成立，1999 年柬埔寨加入後，形成東協 10 國持續至今，會員國包括印尼、馬來西亞、菲律賓、新加坡、泰國、汶萊、越南、寮國、緬甸和柬埔寨。2004 年中國大陸與東協簽訂自由貿易協定，形成東協 10+1；爾後加上日本及韓國，形成東協 10+3；近年則再加上紐西蘭、澳洲、印度，形成東協 10+6。2015 年底東協宣布成立東協經濟共同體（ASEAN Economic Community，簡稱 AEC），未來發展潛力指日可待，英國《經濟學人》更預測到了 2030 年，AEC 將躍升為全球第四大經濟體。

最喜愛台灣的東協國家

MALAYSIA 馬來西亞

未來前景宏願大發

東協被預估 2030 年將躍升為世界第四大經濟體，其中，馬來西亞為東協 10 國中的第三大經濟體，僅次於印尼及泰國。過去 10 年，除 2008 年金融海嘯外，GDP 年增率平均達 5％以上，平均國民所得已達 1 萬美元。加上馬國政府自 2010 年推動「經濟轉型計畫」，喊出「2020 年宏願」，目標在 2020 年躋身先進國家之林，達到人均 1 萬 5,000 美元的水準，投資前景備受期待。

由於吉隆坡土地寸土寸金，住宅大廈結合購物中心成為市場主流。

馬來西亞依斯干達正在發展為經濟特區，吸引許多外資企業進駐。

POINT 1 一帶一路助攻　公共建設利多

近年來，大馬政府計畫將吉隆坡打造成回教金融中心與債券中心，首都吉隆坡正在興建 TRX 敦拉薩國際貿易中心，業界也因而看好敦拉薩將帶動吉隆坡房地產價格邁向國際化。然而，另一項利多是規畫已久的隆新高鐵，預計於 2019 年動工、2026 年完工，屆時吉隆坡到新加坡，將由 4 小時大幅縮短至 1.5 小時，拉近兩國距離，可望創造另一波經濟高峰。因吉隆坡房價遠不及新加坡，在交通時間減少下，將為吉隆坡房市注入強心針，黃金地段易漲難跌。

除吉隆坡外，與新加坡僅一橋之隔的依斯干達（Iskandar），正積極開發經濟特區，分為五大旗艦區，商辦、住宅、酒店、購物商場等一應俱全，被視為是下一個深圳，鴻海董事長郭台銘也看中依斯干達的潛力，在此設廠。另受惠於中國「一帶一路」政策，未來大馬與中國貿易，毋須借道新加坡，大幅節省運輸成本，將創造龐大的就業機會與觀光人潮，帶動依斯干達房地產活絡，加上馬幣來到歷史新低，是低檔買入的好時機。

POINT 2 三大族群融合　政經局勢穩定

投資海外首重安全，馬來西亞人口約 3,200 萬，由馬來人、華人、印度人及少數民族共融組成，鮮少爆發種族衝突，是相當和諧的國家，且對外來人口包容性高，不管是投資、移民或觀光都很歡迎。當地就有不少台灣人投資坐月子中心、餐廳、旅行社、日租套房、加工製造、甚至還有台商創辦的台灣學校等，均發展良好。由於馬來人超過 50%，占有絕對優勢，不會發生政黨輪替情況，政局較為穩定，可維持政策的一貫性，在東協國家中投資風險相對較低。

馬來西亞吉隆坡著名建案 THE OVAL。

OUR VISION 亞太觀點停看聽

- 雖然馬來西亞本地人喜歡住 2 至 3 層的排屋（連排別墅），不過人口往吉隆坡集中後，市區土地已寸土寸金，逐漸興起住宅大廈結合購物中心的建案，目前以 50 至 100 萬馬幣的產品為市場主力，本國人可貸款 9 成，負擔很輕。

- 大馬政府為保護本國人，規定外國人投資吉隆坡不動產，只能購買 100 萬馬幣以上的產品，出了吉隆坡的雪蘭莪州，則提高至 200 萬馬幣以上。

- 台灣投資馬來西亞的客戶，大致在 20 至 60 歲居多，各行各業都有，自住比例不超過 5%，以收租、增值為主，普遍青睞在吉隆坡看得到雙子星塔的住宅大廈，100 萬馬幣約可買到 1 房產品。

- 出租行情方面，據全球物業指南調查，吉隆坡雙子星周邊因房價較高，投報率約 3 至 4%，外圍則有 4% 以上水準。目前在雙子星塔 1 公里範圍內，1 房租金在 4,000 馬幣以上、2 房在 5,000 馬幣以上。

- 相比台灣房價，馬來西亞正處在低基期，投資價值已浮現，但海外投資一定要優先考慮提供「售後服務」的團隊，就算會英文，也不可能一天到晚去馬來西亞看房子，委由專業人士協助，是比較輕鬆又安心的方式。另外，別被超高投報率迷惑，明明是一般住宅卻誇稱有 8% 投報率，明顯不合理，必定有問題。

POINT 3 年輕人口紅利　潛在購屋族多

　　值得關注的是，馬來西亞年輕人口比率高，40 歲以下人口約占 70％，使房市獲得良好支撐。目前大馬人均所得在東協僅次於新加坡、汶萊，一般大學畢業生起薪約 2,800 至 3,000 馬幣（約 22,000 至 23,600 新台幣），並不輸台灣大學生。且目前大馬購房壓力指數偏低，年輕人要買房並不難，龐大的年輕購買力，可望推升房價上攻，未來租房需求量也將大幅度增加，因此購買馬來西亞房地產，不用擔心租不出去，或是未來轉手困難的問題。

POINT 4 對台投資攀高　兩國關係友好

　　在東協中，2017 年馬來西亞來台投資金額成長幅度居冠，代表台馬民間交流熱絡，尤其越來越多大馬學生留學台灣，也有不少台灣人到大馬投資、養老或度假，因台灣到大馬免簽，華人在大馬約占比 25％。

　　在兩國關係友好狀況下，預期未來雙邊合作將更為熱絡，到大馬工作、甚至移民，都會有買屋需求。很多家長會擔心子女就學問題，其實也不用煩惱，因為吉隆坡當地有和台灣教育部合作的學校，與台灣教育接軌，還有華語學校或國際學校可選。此外，馬來西亞眾多高等院校與歐美大學實施雙聯學制，教學與國外銜接，畢業證書獲國際承認。

馬來西亞著名建案 THE OVAL 景觀。

獨家
OUR SERVICE　亞太獨家服務

1. 亞太國際地產透過與在地知名建商合作推案，不僅在台舉辦說明會，提供完整的售前資訊，並安排客戶到當地看屋。成交後搭配「白金管家服務」，從驗屋、交屋、代租、代管到代售等，全程負責到底，獲得建商與客戶的一致好評。

2. 知名開發商找亞太合作，是因為亞太比他們了解台灣客戶的需求，和其他國家的代銷業者相比，亞太的客訴少且退訂率低，自然樂得與亞太「強強聯手」。

3. 亞太在馬來西亞有 4 個門市，包括吉隆坡、依斯干達、SKY 租管中心，以及 2018 年新設馬來西亞營運總部。由在地團隊服務，對台灣投資人更有保障，不管是房屋維修、繳管理費、租金對帳等，只要 line 一下亞太業務人員就可代為處理。

4. 買海外房地產，實地走訪感受很重要，勝過書面資料考察，只參加說明會或上網，容易被錯誤訊息誤導，一定要親自走一趟。亞太提供看屋團服務，從 2 人到 2 輛遊覽車都可成團。

INFO 房地產即時通

全國人口
3200 萬

吉隆坡租金投報率
市中心 **3.89**%
市中心外 **4.15**%

所有權形式（土地.建物）
永久產權、租賃產權
（不超過 99 年的期限，如果租賃涉及土地的一部分則為 30 年）

房屋空置率 16.3%
房屋自有率 72.5%

吉隆坡房價平均值
在市中心購買公寓的價格：
2581 USD/ 平方米

在市中心外購買公寓的價格：
1428 USD/ 平方米

數據資料來源：Numbeo.com

搶先布局正是時候

PHILIPPINES 菲律賓

建設黃金年代開幕

「Build、Build、Build（建設、建設、建設）！」是菲律賓總統杜特蒂上台後喊出的口號，這句簡潔有力的主張，呈現出菲國近年經濟動能十足，GDP年增率飆上6.8%，堪稱東協「資優生」。匯豐銀行預測到2050年，菲律賓將成為世界第16大、東南亞第一大經濟體，吸引外資搶先布局，菲國已是海外房地產最夯的投資地之一。

菲律賓是距離台灣最近的東南亞國家，過去因政治腐敗，導致經濟衰退多年，令投資人裹足不前，但隨著新政府上台，大刀闊斧整頓，政經已明顯改善。在首都馬尼拉街頭，不少工地正轟隆隆地施工，證明杜特蒂並非開空頭支票，而是踩足油門，加速推動建設。

POINT 1 杜特蒂經濟學　改善基礎設施

為提供更好的商業及投資環境，菲國2017年啟動「杜特蒂經濟學（Dutertenomics）」政策，以「基礎設施開發」為核心，6年總金額達1,800億美元，主要用於減少洪災及改善交通網絡，希望藉此創造每年100萬個工作機會，並將經濟成長率提升到7%至8%。

此計畫宣告菲律賓邁入「基礎建設的黃金年代」，前3年將投注約800億美元，展開多項大型工程，其中6成資金投向交通領域。旗艦項目是興建大馬尼拉地鐵系統，其他優先項目包括至少建造3座新橋、擴建機場，以及全國新建200條以上快速道路。

POINT 2 超強人口紅利　中日競逐市場

由於中國將菲律賓劃入「一帶一路」戰略計畫中，藉由資金融通，協助菲國改善基礎設施，中資企業順勢進入菲國。日本憂心中國勢力擴張，透

近年來菲律賓經濟動能十足，GDP 年增率飆上 6.8%，為東協國家中的資優生。

菲律賓馬尼拉的馬卡蒂區，是菲國核心中的核心地段。

OUR VISION 亞太觀點停看聽

- 投資菲律賓房地產，推薦以馬尼拉為主，各方面發展都較為成熟。目前馬尼拉最繁華的區塊當屬中央商務區馬卡蒂（Makati），各國銀行、外商分部多設於此，購物中心、辦公大樓、飯店、住宅林立，辦公室和住宅需求都很暢旺，空置率不到 8%。

- 因大眾運輸系統尚未成熟，馬尼拉塞車問題很嚴重，如果在市區上班，最好就近租屋，否則上下班要花 4 小時通勤時間。因此，本國人租屋需求很大，再加上外籍工作人口，推升馬尼拉平均租金投報率達 6% 至 8%。

- 菲國政府對於國外買家相當友善，只要憑護照就能購買房產，但每個住宅社區，外國人買方不可超過總銷售戶數的 40%，其餘 60% 要保留給持有菲律賓護照的本國人。這項規定的好處是房市不易泡沫化，因為並非全數賣給外國人，減少炒作空間。

- 外國人在菲國貸款不易，且利率很高，在台灣辦理信用貸款較為划算。以總價 500 萬披索（約 320 萬台幣）的住宅為例，可選擇先付頭期款 30%，交屋再付 70%；如果一次全繳，可獲得較大折扣，特別是在匯率較低時，更加優惠。

- 由於菲律賓建案通常要 5 年時間才會完工，比台灣施工期長，因此投資菲律賓房地產，一定要選擇信譽良好的前幾大建商，以免預售時買得很高興，但 5 年後房子卻沒蓋好，形成爛尾樓，資金恐「有去無回」；再者，要慎選代銷商，否則易淪為「海外房產孤兒」，交屋後發生任何問題求助無門。

- 菲律賓的銷售物件大部分是預售屋，代銷業者若無法提供詳細資訊，很可能衍生許多問題。像菲國有很多小型仲介胡亂畫大餅，等實際交屋時，客戶覺得房子不如預期，因而抱怨連連，造成建商的困擾；另有一些跑單幫，只帶台灣客戶買房，交屋後續全不管，讓客戶陷入孤立無援。所以，找對代銷業者非常重要。

過支援馬尼拉地鐵建設為契機，多家日商建設公司投入菲國基礎建設，房地產業者也搭上便車，大舉興建商場與住宅。

中日不約而同看好菲國潛力，有幾項關鍵因素。首先，菲律賓人口破億，且平均年齡僅約 23 歲，人口紅利極高。馬尼拉大都會（Metro Manila）總面積約 638 平方公里（約台北市 2.5 倍），湧進逾 2000 萬人口，預計到 2030 年，人口將達 3000 萬，成為世界級的超級大都市，在內需買盤強力支撐下，房地產增值空間大。

POINT 3 海外勞工、BPO 產業　打造購屋主要動力

菲律賓的購屋主力之一，源自於在海外工作的「螞蟻雄兵」。約有 1,100 萬以上的菲國人在世界各地打拚，每年匯回國內高達 250 億美元資金，買房成了投資首選，造就菲國經濟榮景。

另外，菲國每年還有約 250 億美元國民所得，為 BPO 產業（Business Process Outsourcing）所貢獻，即商業流程外包。由於菲律賓擁有大量會講標準英文的年輕人力，且工資低廉，短短十年就超越印度，成為全球最大的外包客服中心。BPO 產業平均月薪在 2.7 至 2.8 萬台幣以上，但需要輪班，因此常見 4 個人合租一間公寓來輪流使用，因租金不高，卻能省下交通時間，進而使得菲國租屋市場相當穩定。

菲律賓馬尼拉的馬卡蒂區生活機能相當便利，房屋空置率低。

INFO 房地產即時通

全國人口

1.08 億

馬尼拉租金投報率

市中心 **6.66%**

市中心外 **4.9%**

所有權形式（土地 . 建物）

永久產權、租賃產權

外國人購買限制

不可購買土地，
一棟大樓僅能購買 **40%**

馬尼拉城市房價平均值

在市中心購買公寓的價格：

2115 USD/ 平方米

在市中心外購買公寓的價格：

972 USD/ 平方米

數據資料來源：Numbeo.com

房市發展前景可期

THAILAND 泰國

經濟引擎蓄勢待發

東協 10 國中，泰國的經濟表現屬前段班，是僅次於印尼的第二大經濟體。但近年來 GDP 年增率放緩到 3% 至 5% 之間，泰國政府為提振經濟，推出史上最大規模的經濟改革計畫「泰國 4.0」，期望將人均 GDP 從 2017 年的近 6,000 美元，拉抬到 2036 年的 1 萬 3,000 美元。

這項橫跨未來 20 年的泰國「轉骨」大計，以 5 年為一個發展階段，推動十大產業創新，包括「產業增值類」的新世代汽車、智能電子、高端旅遊與醫療旅遊、高效農業和生技、食品創新，以及「新興產業類」的智慧機械與自動化、航太科技、生質能源和生物化學、數位化、醫療與保健，從多方面向上提升泰國經濟。

泰國投資首選曼谷，目前擁有不錯的投報率。

近年來泰國政府積極拚創新，吸引大量外國人才前往，也帶動房市發展。

POINT 1 泰國 4.0 拚創新　仰賴外國人才

依過去台灣經驗來看，當整個國家經濟往上走時，房市不可能逆勢而下，「泰國 4.0」作為經濟推進引擎，勢必改變泰國的各行各業，也將為不動產市場添柴火。

事實上，泰國位處中國南方和印度東方之間的中南半島中心地帶，早已吸引許多外商至此設立分公司，基礎建設完善的首都曼谷，外國人口約占 20%，約有 200 萬人口，足以支撐租金市場。而長期工作的香港人、中國人或台灣人，甚至會直接購屋。如今「泰國 4.0」企圖從中低階製造業轉向高科技、自動化產業，極度仰賴先進技術，勢必需要引進更多外國高階人才，租屋需求將進一步擴大，在這個時間點上，相當適合投入房地產。

POINT 2 一帶一路效應　東部走廊躍起

除泰國 4.0 外，因應一帶一路所帶來的龐大中國商機，泰國正積極培育中文人才，走在曼谷街頭，會說中文的泰國人比率已明顯增加。為搭上一帶一路快車，泰國更推出東部經濟走廊（Eastern Economic Corridor，簡稱 EEC），盼與一帶一路對接。

OUR VISION 亞太觀點停看聽

- 選擇在曼谷置產的人以收租為主，買在芭達雅的則以退休養老居多，大部分為歐美人士。除芭達雅外，清新的海岸城市華欣也頗受歡迎。因泰國推出養老簽證，申請條件寬鬆，只要年滿 50 歲，存款金額不低於 80 萬泰銖或每月收入不低於 6.5 萬泰銖，就能在有效期限內長期居住泰國。

- 泰國投資首選曼谷，也是台灣人投資泰國比例最高之處。入手門檻約 100 萬泰銖左右，好一點的地段則約 300 至 500 萬泰銖以上。目前曼谷租金投報率約 5% 至 6%，特殊產品甚至有 7% 水準，精華地段的租金行情，1 房在 2 至 3 萬泰銖之間，高檔公寓甚至可達 3 至 5 萬泰銖。

- 泰國政府規定同一棟大樓，外國人持有比例不能超過總面積 49%，且只能購買 2 樓以上公寓，不能買 1 樓店面，如果要買獨棟別墅，需透過合法方式，比方成立公司，但不能持有 100% 建地。這主要在保障泰國人購屋權，避免房價被過度炒作，對外國投資人的好處是，房價讓本地人也買得起，未來轉手的話，不愁找無本地買家接手。

- 前進泰國投資房地產還有一項優勢，泰國購屋持有 5 年以上轉售，只課房屋總價 0.5% 的印花稅；持有 5 年以內賣出，也僅課 3.3% 特殊營業稅。不過，買屋資金必須 100% 來自境外，因外國人在泰國貸款審核嚴格，利率也較台灣高，約 6% 至 7% 以上，不建議在當地貸款，以現金購買較划算。

- 以個人名義在泰國買屋的話，推薦 1 至 2 房的產品，在出租或交易市場都是主流；其次挑選 5 年內的新屋，未來轉售的賣相較佳。

獨家 OUR SERVICE 亞太獨家服務

亞太國際地產在曼谷設有營運中心，交屋後提供代租代管代售，以及裝潢、法律諮詢等完整售後服務。早期到泰國投資的台灣人，多數透過旅遊業或跑單幫購屋，若交屋後發生問題，就會投訴無門。亞太的在地門市，不僅可針對上述問題做即時處理，更聘請會說中文的泰國人，不管是與當地建商、租客或是台灣人溝通都無障礙。

泰國建案 the Room St. Louis Sathron。

　　EEC 地跨北柳、春武里、羅勇 3 府，泰政府規畫在 2017 至 2021 年間投入 440 億美元，建設 3 府的基礎設施，包括擴建芭達雅（Pattaya）烏塔堡國際機場、蘭查邦港口、修建曼谷至羅勇的高速鐵路及完成區域內鐵路線和高速公路、修建醫院等；同時祭出減稅優惠措施，積極向外資招手。眾多建商看好此商機，已搶先布局卡位，激勵房地產市場成長，其中，又以素有「東方夏威夷」之稱的芭達雅最受矚目。

　　此外，泰國第二大城市清邁是另一個房市亮點。連接曼谷至清邁的高鐵與日本合作，採用新幹線技術，將於 2018 年動工。未來鐵路更連接至中國，加上一帶一路效應，與中國接近的清邁，將成為亞洲重要交通樞紐。由於清邁早已是熱門的避暑勝地，在打開交通環節後，房市可望急起直追。

POINT 3 四大精華地段　投資空間可期

　　在投資地段上，曼谷以 CBD 中央商貿區，即四面佛一帶，

房價平均值最高；其次是緊連 CBD 的日本區，有很多日本人居住，生活機能齊全；而在 CBD 北方的「Rama 9」區，被譽為新 CBD 區，正興建 125 層樓高的 SuperTower（暫名超級塔），預估 2020 年完工，將成為東南亞第一高樓，可望為此區帶來上萬個工作機會，成為投資人搶進的最夯地段。拉瑪 9 區是現階段中國人居住最多的地方，中國大使館亦坐落於此。

最後是 Bang Sue（邦蘇）特區，泰國計畫改建邦蘇站，取代曼谷華南蓬車站的功能，未來將成為東南亞最大轉運站，包括泛亞鐵路、昆明至曼谷的中泰高鐵、泰國 BRT、火車系統，都在此交匯，再加上泰國政府計畫開發此區為 2023 年東協商業區，國家議會也要遷入。人潮帶來錢潮，也會帶來住房需求，預計 10 年後將是潛力最大的區域，現已成為曼谷房產新熱點。

INFO 房地產即時通

全國人口

6800 萬

曼谷租金投報率
市中心 **4.27**%
市中心外 **3.89**%

所有權形式（土地．建物）
永久產權、租賃產權

外國人購買限制
1、非泰國籍人不能購買泰國土地，即外國人不能購買帶地的永久產權建築，尤以別墅為主。
2、外國人想買多少公寓都可以，且是永久產權。唯一的限制就是，整棟公寓大樓總面積的 **51%** 要在泰國公民手中，外籍人士最多購買 **49%** 的公寓。
3、外籍人士也可以在泰國購買別墅或土地，並擁有永久產權，但要通過註冊泰國公司的形式。在泰國註冊公司僅需 **7** 天，費用低廉，一般不需要你去實際經營，每年僅需支付一點低廉的公司報帳費用。

曼谷房價平均值
在市中心購買公寓的價格：

4178 USD/ 平方米

在市中心外購買公寓的價格：

2061 USD/ 平方米

數據資料來源：Numbeo.com

轉身海外投資熱區

CAMBODIA 柬埔寨

亞洲經濟新虎出閘

柬埔寨不只有吳哥窟世界文化遺產，走在首都金邊市區，處處可見大興土木，住宅華廈、商辦大樓、購物中心、星級酒店，一棟棟平地拔起。這顆東協新星，正努力擺脫「貧窮」、「落後」的標籤，成為當紅的海外投資熱區。

很多人對柬埔寨的印象，仍停留在「紅色高棉」，事實上，赤柬政權被推翻後，於1993年恢復君主立憲制，現任國王為西哈莫尼，民選首相為洪森，執政逾30年，是東南亞在位最久的領袖。儘管洪森的強人作風受質疑，但在其長期治理下，柬國經濟改善，近幾年GDP維持在7%以上的高成長率，被譽為「亞洲經濟新虎」。

柬埔寨西哈努克炙手可熱建案 Blue Bay 藍色海灣。

柬埔寨當地因美元流通，可減少投資人在匯兌上的風險。

POINT 1 經濟政策開放　熱烈歡迎外資

柬埔寨於 2016 年脫離低度開發國家，晉升中等偏下收入國家。人均所得雖提升至 1,400 美元，仍居東協後段班。為擺脫貧困，洪森推動「四角戰略」，以優化行政管理為核心，加快農業發展、強化基礎建設，並祭出優惠措施，吸引更多外資，爭取在 2030 年進入中高收入國家，2050 年成為已開發國家。

隨著柬政府在包括金邊等地設立共 11 個經濟特區，高舉歡迎外商投資的大旗，全球資金蜂擁而至，全球最大的成衣代工廠、鞋類代工廠就在柬國。台商更早在 1980 年代就進駐，金邊現有 200 多家台商，光是銀行就有第一銀、國泰世華、兆豐銀、合庫、台企銀、玉山銀、上海商銀等 7 家，為東南亞各國中，台資銀行聚集最多的國家，可見相當看好柬國前景。

POINT 2 美元計價優勢　買屋不怕匯損

外資帶動柬國經濟成長，增加當地就業機會，金邊人口預估 2020 年將突破 400 萬人，買屋

柬埔寨的西港經濟特區，因中國一帶一路的帶動下，成為一個國家級的經貿合作區。

OUR VISION 亞太觀點停看聽

- 佈局柬埔寨仍以金邊為首選，目前金邊房價一坪不到 30 萬台幣，加上金邊估計約有 30 萬外國白領階級，為高級出租公寓的主要客群，造就金邊租金投報率一片大好，平均投報率約 7% 以上。

- 柬埔寨龐大的觀光資源亦不容忽視，吳哥窟每年吸引逾 200 萬遊客，帶動當地旅遊、運輸、餐飲及金融等服務業發展。因飯店不夠住，金邊興起日租套房及民宿，日租行情約 30 美元。

- 金邊的商辦大樓也有供不應求現象。早期開發商以住宅為主，使得金邊商辦缺稀。由於柬政府計畫扶植中小企業，加上大量湧入的外商，因而帶動起大量的商辦需求。

- 位在金邊蛋黃區的鑽石島，由柬國最大的加華銀行開發，面積約 100 公頃，規劃完善，市政廳也坐落在此，未來還將興建 555 米高的世界級地標「鑽石塔」。鑽石島透過四條橋對外連接，不到 100 公尺，就能抵達 24 小時營業的金界娛樂城，無論是生活機能或休閒娛樂都很齊全。在這裡除住宅外，也可考慮投資辦公室，因企業進駐後，可能一簽約就是 5 年，長期投報率佳。

- 外國人在柬埔寨買房，不建議在當地貸款，因利息高達 8% 至 12%，不如在台灣辦理貸款，再到柬國以現金支付購屋。

獨家
OUR SERVICE 亞太獨家服務

1. 亞太國際地產主打產品「鑽石雙星」，位在金邊的鑽石島，8 樓以上分為兩棟，一為商辦、另一為住宅，7 樓為共用公設層，有人造浪泳池、健身房、交誼廳等設施，7 樓以下有商場、美食街、停車場，辦公樓在 2018 年 5 月完工後，將成為金邊第三棟 A 級辦公大樓，也是目前唯一可銷售並持有產權的 A 級辦公大樓，出租投報率預估 8%，比平均行情高。

2. 亞太秉持「客戶買到哪，公司就開到哪」的理念，因此在柬埔寨當地設立門市，堅持要對客戶負責到底。亞太不做一案代銷商，而是在地生根，永續服務客戶，讓客戶購屋後，在台灣能吃得下、睡得好，每月開心收租。

及租屋市場需求激增。而 2010 年柬埔寨國會通過「外國人私有房產所有權法」，開放外國人至柬埔寨投資房產，更吸引國際資金前仆後繼搶進，推升金邊房價。

柬國不動產市場對外國投資人的最大誘因，莫過於美元流通，不只民生消費，連薪水都用美元發放，當地貨幣「瑞爾」主要用來找零。採用美元交易的好處是可免除匯兌風險，投資人不必擔心賺了房屋增值價差，卻可能賠了匯率。此外，柬埔寨沒有外匯管制，資金可自由進出，連銀行都能 100% 外資持有，是世界上經濟自由度最高的國家之一，更為外國人在柬國投資增添利多。

POINT 3 一帶一路加持　中資蜂擁而至

柬埔寨對華人很友善，中國推行「一帶一路」，柬國更是忠誠擁護者，使得中國投資不遺餘力。中柬企業共同開發的「西哈努克港經濟特區」，為一帶一路的標誌性項目，也是首個簽訂雙邊政府協定，建立雙邊協調機制的國家級經貿合作區，計畫打造成柬埔寨版的深圳特區。

西哈努克港是柬埔寨最大的深水港，為貿易出入門戶。總面積 11.13 平方公里的西港經濟特區，規模為柬國最大，經過 10 年建設，首期已引入 116 家企業及機構、從業人數約 1.7 萬人，其中，絕大多數為中資企業，如今在西哈努克居住著成千上萬的中國人，市區隨處可見中文標誌及商品。待經濟特區全部建成後，將有更多中國人湧入，成為另一個房市熱區。

柬埔寨大舉開放外資，未來發展前景可期。

INFO 房地產即時通

全國人口
1600 萬

金邊租金投報率
市中心 **7.68**%
市中心外 **8.29**%

所有權形式（土地．建物）
永久地契、租賃、特許經營權

外國人購買限制

1、外國人憑藉護照就可購買不帶土地、二層以上的房屋，僅享有房屋永久產權（地上權），對土地沒有產權。

2、投資一層商鋪，需與柬埔寨本地人合資開設，且占股不能超過 49%。

3、從二樓起，外國人可以購買擁有 100% 產權的公寓房產，但不能超過整棟公寓 8 成戶數。

4、外國人不能夠擁有離陸地邊界線 30 公里內的多業主房屋私人部分的產權，除非多業主房屋位於特別經濟區內、重要居民集中區內和柬埔寨王國政府規定的地區內。

金邊房價平均值

在市中心購買公寓的價格：
1647 USD/ 平方米

在市中心外購買公寓的價格：
818 USD/ 平方米

數據資料來源：Numbeo.com

外資眼中的新樂園

MYANMAR 緬甸
百廢待舉成商機

東南亞最晚開放的國家緬甸，自 2010 年起對世界敞開大門，外資蜂擁進入
這塊「投資新樂園」。這個人口約 5,500 萬、人均 GDP 僅約 1,300 美元的貧
窮國家，之所以能吸引全球投資人目光，是因為緬甸坐擁豐富天然資源，包
括石油、天然氣及水力發電等；且占有地理優勢，位處人口龐大的中國、印
度及孟加拉之間，掌握鄰國貿易重要港口。再者，過去建設不足，短期內湧
入大量外國觀光客與商務客，高級住宅、飯店與辦公室皆供不應求，最繁榮
的仰光就像個巨大工地，處處大興土木。

POINT 1 基礎建設缺乏　各國搶賺商機

　　2015 年底，諾貝爾和平獎得主翁山蘇姬所屬政黨贏得大選，美國隨後送
上解除經濟制裁的大禮，2017 年新政府更頒布《新投資法》，張開雙臂歡
迎外資，造就 GDP 成長率暴衝至 8%，高居東協第一。經濟急速發展，刺
激最大城市仰光房地產勁揚，改革開放以來，房價已翻漲十倍。由於當地缺
乏基礎建設，是世界上少數未開發的市場之一，投資者對緬甸的興趣非常強
烈。《新投資法》祭出高達 192 項產業稅率減免優惠，並簡化投資流程，更
帶動新一輪投資熱。

POINT 2 經濟走廊發酵　帶動經濟發展

　　中國提出「一帶一路」倡議，緬甸表達將積極參與「孟中印緬經濟走廊」，
這項多模式發展計畫，從昆明延伸至緬甸的經濟重鎮曼德勒、孟加拉首都達
卡、印度第二大城加爾各答，如能順利實踐，將為緬甸帶來重大利益。

　　此外，緬甸規畫新國際機場，以及土瓦深水港及經濟特區，將成為緬甸最
大規模的工業及貿易特區，泰國為主要合作夥伴。

緬甸因較晚開放市場，反成為近期外資投資的新樂園。

- 種種跡象都顯示，緬甸正處於經濟起飛初期，就像 20 年前的中國一樣，薪資、物價都有向上提升的空間，而預計也將拉動房價與租金狂飆。

- 雖然緬甸已開放外資一段時日，但尚未允許外國人持有土地永久權，已推出的《公寓法》，對於海外買家購屋，也有若干限制，目前海外投資人持觀望態度，未正式入市。不過今天不開放，不代表明天不開放，亞太國際地產已預先做好布局準備，待法律釐清後，就能無縫接軌，協助投資人前進這塊新樂園。

INFO 房地產即時通

全國人口

5500 萬

仰光租金投報率

市中心 **15**%

所有權形式（土地．建物）

永久產權（當地人才有）、租賃產權

外國人購買限制

1、限定條件是該樓宇須建在集體土地（政府所擁有的土地）上，也就是說，私有土地上所建的房屋外國人是無法購買的。目前符合這一條件的僅是一些與政府合作的高層樓宇項目，而這樣的工程大多只有 70 年使用權。

2、向外國人出售的公寓樓的占地面積必須大於 20,000 平方英尺（約 1858 平方米）。

3、外國人沒有土地產權。

仰光房價平均值

在市中心購買公寓的價格：

326 USD/ 平方米

在市中心外購買公寓的價格：

296 USD/ 平方米

數據資料來源：Numbeo.com

萬島之國房市上攻

INDONESIA 印尼

東協最大經濟體逐步開放

「萬島之國」印尼為東協的最大經濟體，近年 GDP 年增率約 5%，擁有約 2.6 億人口，高居全球第四，僅次於中國、印度及美國，且平均年齡僅約 28 歲，預估到 2030 年，印尼中產階級人口可達 3000 萬人。外國投資商看好人口紅利帶來的強勁購屋需求，紛紛大舉布局印尼。

印尼首都雅加達大肆加強基礎建設，有利帶動房市上攻。

萬島之國印尼擁有約 2.6 億人口，房市的內需市場相當龐大。

POINT 雅加達拚建設　打通交通瓶頸

支撐印尼房地產未來榮景的，不只人口紅利。因印尼擁有逾 1.7 萬個島嶼，交通是經濟發展的關鍵，印尼總統佐科威將公路、港口、機場、鐵路等基礎設施列為優先建設項目，並且放寬外資限制，加強開放市場，推升製造業相關外國投資金額達印尼史上新高。隨著外資不斷挹注，有助提升印尼經濟發展，增加就業機會，人民薪資也相對成長，自然有利於房市上攻。

首都雅加達是最受外資青睞的城市，當地人口破千萬，住宅及商辦租賃需求都很高，租金投報率上看 8％。但缺點是大眾運輸不發達，為全球公認的「最塞」城市，當局已規劃機場新客運大樓、新碼頭、高鐵、捷運四大基礎建設，預期打通交通瓶頸後，有機會刺激房價再創高峰。

其中，日本援建的雅加達首條捷運系統，預定 2019 年通車，可望帶動捷運站周邊的房地產價格大幅成長。而中國參與投資的雅萬高鐵，為「一帶一路」倡議的重點項目，連接雅加達和印尼第四大城萬隆，不僅會推動沿線經濟發展，也將促進印尼全國人口流動，外來人口勢必往大城市集中，進一步推升雅加達的租屋需求。

INFO 房地產即時通

全國人口

2.65 億

雅加達租金投報率

市中心 **6.88**% 市中心外 **6.64**%

所有權形式 (土地.建物)

分為傳統土地、認證土地（法定認證土地又分五種類型：所有權、栽種權、建造權、使用權、管理）

外國人購買限制

獲准居留在印尼的外籍人士可購買，但非擁有權，而是使用權，也因此在印尼買房不得抵押貸款，也很難與當地銀行貸款買房。

雅加達房價平均值

在市中心購買公寓的價格：

2351 USD/ 平方米

在市中心外購買公寓的價格：

1088 USD/ 平方米

房市長期看好

VIETNAM 越 南

多項貿易協定助威

越南是全球快速成長的國家之一，近年 GDP 年增率繳出逾 6% 的成績，相當亮眼。越南亦是少數同時加入 TPP（跨太平洋夥伴協定）、RCEP（區域全面經濟夥伴協定）的東協成員，且擁有超過 9,000 萬人口，逾半在 30 歲以下，年輕又便宜的勞動力、強大的內需市場，以及外銷享有歐美關稅減免，吸引外資轉移生產基地至此。光是台商估計約 4,000 家，台越經貿往來密切。

POINT 1 胡志明市超夯　河內後起之秀

　　胡志明市雖非首都，卻是越南人口最多的城市，人口逾 1,500 萬，買屋及租屋需求甚殷。目前胡志明市正興建地鐵，預計 2020 年通車，有助紓解交通壅塞。另外，越南政府也斥資建設隆城國際機場，最快 2025 年營運，在兩大基礎建設及大幅開放外資的效應下，胡志明市房價仍有升值空間。

　　首都河內是跨國企業在越南的大本營，微軟、福特、三星、松下、豐田等，均於當地工業區建廠，加上首條地鐵可望搶先胡志明市，於 2018 年運轉，大眾運輸系統啟用後，勢必帶旺房市。

POINT 2 中國投資援助　經濟效益可期

　　中國「一帶一路」將越南劃為海上絲路重要一環，位於越北的海防港，是連接中越兩條經濟走廊的樞紐，中國大力投資海防港的升級工程，為中越兩國帶來龐大的經濟效益。此外，越南近年觀光動能強勁，每年湧入上千萬人次的外國觀光客，亦有利於房市發展。

胡志明市雖非首都，卻是越南最繁榮的第一大城，房價仍有上漲空間。

OUR VISION 亞太觀點停看聽

- 自 2015 年 7 月開放外國人購屋，外國人可持有 50 年所有權，屆滿還能申請延長期限，頓時成為全球投資新寵。尤其中國投資客非常熱中，在開放第一年，幾乎每天都組團看屋，古都胡志明市的住宅成交量激增 9 成，熱門地段供不應求，租金收益可達 6% 至 7%。

- 亞太國際地產積極籌備越南營運中心，待時機成熟時將正式成立，提供台灣投資人最好的在地服務。

INFO 房地產即時通

全國人口

9500 萬

胡志明市租金投報率

市中心 **4.88**% 市中心外 **5.77**%

所有權形式 (土地 . 建物)

所有土地國有，僅能享受土地使用權。

外國人購買限制

1、購房者必須持有越南合法簽證。

2、房屋產權為 50 年，不是永久產權，但與越南公民結婚的外國人可擁有房屋永久產權。

3、每人在一個公寓小區或一個坊級行政區劃最多只能擁有一套房屋。

4、外國人所購住房的面積和總套數不受限制，但每個公寓小區外國人擁有的住房總數不能超過 30%，每個坊級區劃內外國人擁有的別墅不能超過 250 套。

5、外國人購房不允許貸款，買房時必須通過銀行轉款等注意事項。

6、外國人不允許繼承房產。

胡志明市房價平均值

在市中心購買公寓的價格：

2311 USD/ 平方米

在市中心外購買公寓的價格：

1102 USD/ 平方米

數據資料來源：Numbeo.com

掌握世界 精準布局

全世界都是黃金海

隨著世界景氣逐漸回溫，全球房地產的投資規模也日
益攀升，根據 2017 年的統計，全球房地產投資規模已
超過 1.5 萬億美元，顯見市場的火熱程度。

根據調查，各國主要都會區仍是投資的熱點。本刊將
針對 7 個國家區域的房地產資訊進行介紹與分析，期
許能為投資人前進全球市場時，帶來指引與實際助益。

房價低點勇於入市
UNITED KINGDOM 英國
二線城市投報率高

全球金融中心倫敦，向來給人房價高不可攀的印象，就連遭遇 2008 年金融海嘯波及，也僅花一年左右時間就恢復元氣。然而，2016 年英國公投決議「脫離歐盟」後，英鎊應聲重貶，在經濟情勢不明朗的狀態下，倫敦房市逐漸轉冷。不過，攤開倫敦房價走勢，過去 40 年來飆漲 50 倍，趁這波房價回跌、英鎊走貶之際，反而可趁機布局。

POINT 1 倫敦轉型科技城　創造就業機會

以往倫敦金融業占比達 35％，但 2010 年起啟動東倫敦「科技城（Tech City）」計畫，張開雙臂擁抱科技業及新創企業，Google、微軟、亞馬遜等重量級企業接連進駐，當局並祭出補助，鼓勵留學生留在英國創業，短短幾年間，倫敦的科技公司暴增。

今日倫敦科技業占比已達 25％，金融業則降至 20％。倫敦經濟跟上數位科技脈動，創造數十萬個就業機會，住宅與商辦需求甚殷，雖然房價高，租金投報率仍有 4％水準。儘管倫敦房價近期稍微下跌，但每坪動輒百萬台幣以上，燙金地段更是天價，對一般人來說，仍是可望不可及，許多外國買主的關愛眼神，已轉向具有前瞻性的英國二線城市。

POINT 2 伯明翰前景俏　高鐵增添利多

英國第二大城伯明翰，位於英格蘭中部，離倫敦僅 1 個多小時車程。英國政府自 2010 年啟動「大城市計畫」，寄望伯明翰在 2030 年前躋身世界前 20 大城市，近年來投入大量建設，吸引企業投資，增加就業機會，住宅及辦公室需求隨之提高。據 2017 年歐洲最佳房地產投資城市調查，伯明翰超過倫敦，排名第六，但相較於倫敦，房市仍處低檔，前景備受矚目。

伯明翰同時也是教育重鎮，擁有多所知名學府，是倫敦以外最大的高等教育中心，每年湧進超過 7.5 萬名大學生及研究生，大學附近的住宅自然最受學生歡迎，平均年收益約在 6％。

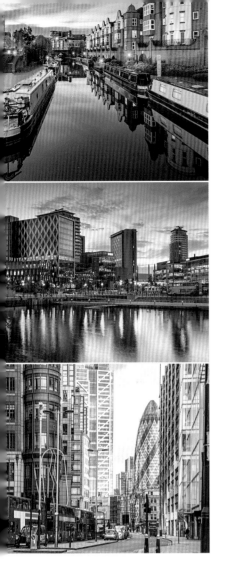

另一項大利多，則是高速鐵路 2 號（HS2）計畫，將串聯倫敦、伯明翰、里茲、曼徹斯特和雪菲爾等城市，最高時速達每小時 400 公里，每小時載客量為 2.6 萬人，為英國史上造價最高的鐵路。預計 2026 年第一階段通車後，從伯明翰到倫敦，將從目前的 84 分鐘縮短至 49 分鐘，可望吸引倫敦人遷往房價較便宜的伯明翰。

POINT 3 曼徹斯特投報高　利物浦緊追

英格蘭西北部的工業大城曼徹斯特，近年房價漲幅居全英之冠，租金投報率亦為英國最高。除當地高等學校多、生活機能齊全、物價比倫敦低，亦不缺中國城，對廣大的中國留學生來說，相當方便，形成當地租屋市場有力的支撐。

租金投報率居次的是披頭四故鄉利物浦，與曼徹斯特同列英國「北方經濟引擎」戰略的重要一環，目的在推動北方商業發展，城市交通設施將獲得到極大改善，嗅覺敏銳的中國商人已搶先布局，預期可招來更多投資，進一步刺激住宅與商辦需求。

此外，鋼鐵之都雪菲爾，無論往南到倫敦，或北上到蘇格蘭首府愛丁堡，車程大約 2.5 小時，近年人口不斷增加，房價穩步上攻。而且雪菲爾有兩所聲譽不錯的大學，每年帶進約 6 萬名學生，宿舍需求量大，租金投報率維持一定水準，亦吸引海外買家。

OUR VISION 亞太觀點停看聽

- 英國是全球留學生人數第二高的國家，僅次於美國，中國留學生是歐盟外人數最多的族群。想進軍英國房市，可考慮學生公寓，又以大學城附近最優。

- 英國一般公寓多屬長期租賃權，而非永久產權，買屋前要留意期限長短，以免產生爭議。另英國政府為調控房市，祭出購買第二套房產需增收額外的 3% 印花稅，由於商用產品的印花稅較低，一些外國投資人轉而選擇商用物件，也是可考慮的投資策略。

- 英國政府對於建物的把關相當嚴謹，建物若不符申請興建時的規格，就會拆掉重建，因此有一定的品質保證。雖然英國脫歐，導致房市短暫下滑，但已有回穩現象，預期「短空長多」的態勢會更明顯。對外國投資人來說，英鎊跌至低點，正是進軍英國房地產，搶便宜的好時機。

INFO 房地產即時通

全國人口

6500 萬

倫敦租金投報率

市中心 **3.28**%　市中心外 **4.23**%

倫敦房價平均值

在市中心購買公寓的價格：

18582 USD / 平方米

在市中心外購買公寓的價格：

9446 USD / 平方米

外國人購買限制

無

所有權形式（土地.建物）

地產權制度是目前英國土地制度的主要權屬形態，地產權根據其權利存期的期限分為三種：

1. 非限定繼承地產權：即絕對的所有權，對土地擁有完全的處分權，只有在其死亡時無繼承人的情況下，該土地上的權利回歸其領主或者國王，稱為土地歸複製度。
2. 限定繼承地產權：只允許直系親屬繼承，若死亡時無直系親屬，該權利終止。
3. 終生地產權：該權利只存續於生前，若死亡則導致權利終止。

數據資料來源：Numbeo.com

最宜居城市成買房天堂

AUSTRALIA 澳洲
連續 25 年經濟正成長

澳洲是全球第 12 大經濟體，近年來房地產漲勢凌厲，主要歸因於整體景氣大好，至 2016 年，澳洲經濟已連續 25 年正成長，部分受惠於中國崛起，亟需澳洲出口豐富的原物料。另外，澳洲國土面積雖大，但僅海岸城市適合人居，可開發的土地不多，然而澳洲廣納移民，預估 2050 年全國人口要將達 3,600 萬，屆時將導致住宅供不應求，再加上利率處在低水位，房地產易漲難跌。

澳洲是全球民眾心中的最適合移居國家之一，移民人口不斷攀升，房市供不應求。

POINT 1 租屋需求旺盛　雪梨空置率低

雪梨房價年年攀高，又以內西區為領先指標。為減輕本地買家負擔，雪梨所在的新南威爾斯州於 2017 年中推出新印花稅政策，購買 65 萬澳元以下住宅的本地首購族，可免繳印花稅；80 萬澳元以下的物件則可享有稅率折扣。這項優惠措施吸引年輕首購族進場，房價跟著水漲船高。

加上澳洲留學嚮往度名列全球前茅，不少家長為子女留學而買房。雪梨有許多外國留學生，租屋需求強烈，雪梨住宅空置率低於 2％，經常新房一推出，就出現排隊搶購人潮，造就雪梨房價自 2009 年來已飆漲 1 倍。

POINT 2 墨爾本最宜居　中國買家追捧

相對於雪梨，第二大城墨爾本房價顯得親民一些，也是澳洲最受中國買家青睞的城市，租金投報率約 5％，學區更上看 7％。氣候宜人的墨爾本，連續 7 年蟬聯全球宜居城市榜首，人口增長速度超越雪梨，房市一直供不應求；且墨爾本亦擁有全球一流學府，每年都湧入為數眾多的留學生，房子不怕沒人租。加上當地有歷史悠久的華人聚集區，吸引中國買家進駐。

澳洲統計局預測，墨爾本人口將在 2053 年前超過雪梨，成為澳洲最大城市。墨爾本所在的維多利亞州政府，規劃以 30 年時間打造「20 分鐘生活圈」，將加強郊區的交通網絡及基礎建設，方便市民能在 20 分鐘內於居住區域解決大部分的生活所需。此舉將使得負擔不起市中心房價的民眾，可以向郊區發展，以較便宜的總價，覓得理想的居住環境。在政策利多加持下，各方看好墨爾本房地產在未來 10 年仍有增值空間。

OUR VISION 亞太觀點停看聽

- 為了抑制房市短期過熱，澳洲政府祭出一連串打房措施。澳洲法令規定，外國人只能購買新房，不允許購買二手房，目的在於保護本國國民不會因房價飆漲而買不起房子。

- 澳洲聯邦政府取消海外買家自住免稅優惠，將 75 萬澳元以上物業預扣所得稅上調至 12.5％；同時推出空置房產懲罰措施，外國人投資的不動產若成閒置空屋，或是出租未滿 6 個月以上，每年開徵 5,000 澳元的「幽靈屋稅」。

- 雪梨、墨爾本房價仍每年漲 4％以上，顯示海外買家並未卻步。近年來澳幣走貶，綜合匯率、租金、房價增值考量，仍是現階段成熟市場的優選。

- 由於澳洲交屋前，必須通過當地鑑定單位驗屋，有嚴格的把關制度，還有租金保險、天然災害險，若發生問題，保險公司都會代為處理，海外投資人大可買得安心。

- 有人說澳洲房市是被中國買家炒起來的，但據統計，澳洲僅 4％房地產為外國人持有，裡頭包含全球各地買家。因此，光靠中國人「爆買」，還不足以影響澳洲整體房地產，尚無壟斷炒作之嫌。

INFO 房地產即時通

全國人口

2400 萬

雪梨租金投報率

市中心 **4.06**％　市中心外 **4.54**％

所有權形式（土地．建物）

主要有兩種，自由保有土地（私有土地）和州政府所有土地。前者可通過購買、贈送、遺產繼承而產生移轉。後者主要分為未分配土地、州有租賃土地、保留地、國家公園和州政府森林土地。

外國人購買限制

外國人只能購買全新的住宅項目，在澳購置房產前必須向澳洲海外投資審核委員會提交購房申請，獲得審批之後才能購買房產。

雪梨房價平均值

在市中心購買公寓的價格：

11291 USD／平方米

在市中心外購買公寓的價格：

6735 USD／平方米

數據資料來源：Numbeo.com

大阪房市後勢強勁

JAPAN 日本
多重利多帶動

日本首相安倍晉三 2012 年上台後,為重振國內經濟,射出「安倍三箭」,推動寬鬆貨幣政策,藉由日圓走貶,擴大出口外銷,帶動經濟成長;日本央行更祭出負利率,刺激投資與消費。姑且不論成效如何,但對外國人來說,成了赴日置產「撿便宜」的好時機。其中,熱愛到日本旅遊的台灣人動作最積極,近幾年掀起到日本買房當包租公、包租婆的投資熱潮。

POINT 1 2020 奧運發酵 東京房價回升

　　台灣人到日本投資房地產,主要戰力集中在東京,並以收租為主。東京是全球最大的巨型都市,光是東京都人口就超過 1,300 萬,若涵蓋神奈川縣、千葉縣、琦玉縣等東京首都圈,人口更高達 3,800 萬,住宅與租屋需求極高。前幾年東京房價處於低檔時,租金投報率上看 7%,近來房價雖回升,投報率仍有 4% 至 5%。

　　除了人口持續往都市集中,東京為迎接 2020 年奧運,正進行大規模公共建設,預期將帶動房市再攀高峰。儘管東京蛋黃 5 區(千代田、中央、港區、新宿、澀谷)屢被唱衰泡沫化,但攤開東京自 2012 年至今的地價,呈現正成長曲線,而且日本富人有避稅需求,買房是很好的避稅工具,蛋黃 5 區房價貴歸貴,仍有上漲空間。

POINT 2 投資版圖西移 大阪 CP 值高

　　受到東京房價攀升的影響,台灣投資人開始轉進入場門檻較低的大阪。作為關西的經濟與交通樞紐,大阪市人口約 270 萬,GDP 高居全球前十大城市,經濟量能相當可觀。

　　許多跨國企業與日本商社在大阪成立總公司或分部,由於日本企

OUR VISION 亞太觀點停看聽

▪ 目前大阪的 24 個行政區中,以市中心 6 區,包括中央區、北區、西區、福島區、浪速區及天王寺區,為投資熱區。另外,京橋車站所在的都島區,人口密度高,從車站步行到 T's 大阪城只需 5 分鐘,也同樣值得關注。

▪ 有意布局日本的投資人,可以考慮經營民宿的物件,投報率更佳。挑選原則則逐捷運而居就對了,沿電車路線尋找物件,最好走路 3 至 5 分鐘就能到車站;盡量挑 10 年以內的物件,貸款較為容易,避免買空地自建木造屋,因日本空地持有稅很高。

▪ 在日本買房可於當地貸款,利息很低,約 2.2% 至 2.8%,按照租屋收益估算,仍有不錯的利潤。

獨家
OUR SERVICE 亞太獨家服務

亞太跟著日本政策走,看好大阪房地產後勢,與日本當地業者合作,提供租管售等全方位服務。

在賭城與世博齊頭並進下，帶動起大阪的建設資源，進一步提升房市利多。

業會提供住宿補貼，年輕上班族常選擇租屋在都心的「單身公寓」，成為租屋市場有力的支撐。更重要的是，目前大阪房價比東京便宜約 4 成，租金投報率卻達 7% 至 9%，不論單身公寓或商辦利潤都很誘人。

　大阪的房市利多不僅於此，目前正積極申辦 2025 年世界博覽會，擬以人工島「夢洲」為會場，若能成功爭取到主辦權，將為關西帶進至少 2.6 兆日圓的經濟效益。此外，夢洲更有機會與建日本第一座賭城，待國會最終立法完成，最快於 2023 年開幕，多家國際集團已摩拳擦掌準備大舉進軍投資。在賭城與世博齊頭並進下，大阪勢必投入大量資源建設，有助推動房地產進一步向上發展。

POINT 3 外國遊客爆量　民宿投資升溫

　事實上，自日本政府放寬赴日簽證的門檻後，外國觀光客在 2017 年激增至約 3,000 萬人次。放眼 2020 年東京奧運，日本更喊出 4,000 萬的目標。為滿足遊客的住宿需求，日本政有條件開放一般家庭經營民宿，當地稱為「民泊」。大阪於 2016 年 10 月率先成立民宿特區，約有 2 成遊客投向物美價廉的民宿。由於日租彈性大，不少屋主選擇以「短期出租」形式，提高報酬率，根據分析，大阪短租投報率可達 10%。

INFO 房地產即時通

全國人口

1.26 億

東京租金投報率

市中心 **1.89**%　市中心外 **2.27**%

所有權形式（土地．建物）

永久產權

外國人購買限制

無

東京房價平均值

在市中心購買公寓的價格：

14300 USD／平方米

在市中心外購買公寓的價格：

6485 USD／平方米

數據資料來源：Numbeo.com

美國加州一飛衝天

USA 美國
川普效應撐盤

全球住宅價值主要集中在西方已開發國家,北美人口占全球 5%,但擁有 21% 全球住宅總值;歐洲人口占 11%,住宅總值占比達 24%。這說明為什麼美國已經很貴的區域,房價仍不斷上漲,而地產大亨川普當選美國總統後,更為房地產市場注入強心針。業界普遍認為,川普肯定不會打房,會全力拚經濟。

POINT 1 製造業回流　增加就業機會

川普喊出的「美國優先」,號召大型製造業在美設廠,鴻海集團率先響應,投資 100 億美元在威斯康辛州打造面板廠,巨額數字的背後,代表著將創造 1.3 萬個工作機會。日本汽車大廠豐田與馬自達也宣布合資在美蓋新廠,帶進 4,000 就業機會。

美國 2017 年 10 月就業報告顯示,失業率降至 4.1%,創 17 年來新低,就業機會增多,房屋需求自然提升,房價也可望受惠而上漲。從新屋銷售量觀察,2017 年 11 月達 73.3 萬戶,創逾 10 年新高,全美四大地區銷售量全面上揚,又以西部飆升逾 30%,動能最強。

POINT 2 矽谷金童加持　西岸優於東岸

自金融海嘯後,美國房市從谷底反彈,但國土幅員遼闊,選對區域很重要。如今,全美房價最高的城市,已不是紐約,而是舊金山,在矽谷加持下,全美前 100 名房價最貴的城市,加州就占近半數。西岸房地產表現明顯超過東岸,往南到聖荷西、洛杉磯、聖地牙哥,往北至波特蘭、西雅圖,伴隨就業機會增加,人口跟著成長,房屋供不應求,房價屢創新高。

在矽谷金童的加持下，美國西岸的房市已成為全美的最熱區。

OUR VISION 亞太觀點停看聽

- 在美買房的策略很簡單，「公司開到哪，就在哪買房」。有大型公司進駐的城市，絕對會帶動住宅或租屋需求，例如加州矽谷是科技重鎮，主要部分位於舊金山灣區南部的聖塔克拉拉郡，雲集全球知名科技公司，房價一飛沖天。

- 美國聯準會 2017 年升息 3 次，代表看好未來經濟，並認為可能出現通膨，因此透過調升利率，慢慢緊縮貨幣政策，為可能過熱的市場降溫。預期 2018 年、2019 年，美國會持續漸進升息，將帶動資金流向美國，有助推升房地產保值需求。

- 由於房貸利率正在調升，打算投資美國者，要仔細考量。買房子以增值為主要目的，至少持有 5 至 10 年以上，而不是看短期，過度期最好有租金收入，最好找出租容易的地方，獲利較有保障。

INFO 房地產即時通

全國人口

3.2 億

舊金山租金投報率

市中心 **6.24**% 市中心外 **6.79**%

所有權形式 (土地．建物)

土地所有權分為地下權 (包括地下資源開採權)、地面權和地上空間權 (包括建築物大小、形 等)，這 3 部分權益可以分 轉讓，政府無權任意徵用與拆遷。
租賃產權

外國人購買限制

無

舊金山房價平均值

在市中心購買公寓的價格：

11659 USD / 平方米

在市中心外購買公寓的價格：

8154 USD / 平方米

數據資料來源：Numbeo.com

拉抬房市供不應求

CANADA 加拿大

移民人口持續增長

「楓樹之國」加拿大，領土為全球第二大，人口約 3,600 萬，移民占逾 20%，曾連續 4 年被聯合國評為「最宜居的國家」。因友善的移民政策，深受華人歡迎，近年大批中國新富階級移居，使得華人眾多的溫哥華、多倫多，房價漲勢兇猛，幾乎年年成長兩位數。

由於工程師密度高，加拿大卡利加成為加國發展最迅速的區域。

POINT 1 溫哥華、多倫多　房市雙箭頭

　　溫哥華、多倫多在世界宜居城市常高居前5名，是不少人嚮往的退休居所。溫哥華作為西岸最大都會區，氣候溫和、環境優美，華人占比高，房地產需求居高不下，以公寓最搶手，且租屋市場強勁，平均租金亦為加國最高。

　　緊追其後的是多倫多，為加國首善之都，全國有40%的企業總部座落在此，就業機會多，支撐租屋市場。由於多倫多人口持續正成長，預估到2040年將達880萬人，未來房市將持續供不應求。

POINT 2 工程師密度高　卡加利崛起

　　因房市過熱，本地人買不起房，民怨漸起，加拿大政府歸究於海外買家。溫哥華所在的卑詩省政府率先出手打房，2016年中宣布外國人至溫哥華置產，須課徵15%房地產轉讓稅。該政策收立竿見影之效，溫哥華房市交易短期內冷卻，房價隨之下跌。多倫多所屬的安大略省政府隨後跟進，同樣產生抑制房價的作用。

　　受到卑詩省府及安大略省先後祭出重稅，部分海外買家轉戰其他城市，又以卡加利（Calgary）最熱門。該城是加國發展最迅速的地區之一，工程師密度冠全加，教育素養高，連續5年獲《經濟學人》選為最宜居城市第5名，新屋交易火熱。

OUR VISION 亞太觀點停看聽

- 儘管加國打房不手軟，一度使房市收斂，但最近又有回溫現象。因加幣走貶，在2017年名列全球表現最差貨幣之一，對海外買家來說，更凸顯房地產的價格吸引力。

- 為減緩人口老化帶來的影響，加國政府計畫到2020年時，每年新移民數要增至34萬人，吸引高資產階級移入，在外來買盤源源不絕下，撐起房價。

INFO 房地產即時通

全國人口

3585 萬

溫哥華租金投報率

市中心 **5.09**%　市中心外 **7.27**%

所有權形式（土地.建物）

加拿大現行土地所有權制為聯邦公有、省公有和私人所有3種形式。

外國人購買限制

無套數限制，易貸款利息低，在加拿大買房貸款外國人能夠從銀行獲得最高60%至65%的貸款。

溫哥華房價平均值

在市中心購買公寓的價格：

4037 USD/ 平方米

在市中心外購買公寓的價格：

2097 USD/ 平方米

數據資料來源：Numbeo.com

歐陸投資置產優先選項

NETHERLANDS 荷蘭

受益英國脫歐

英國公投脫歐後，基於稅率優惠與貿易順暢考量，一些跨國公司有意將設在倫敦的歐洲總部，遷往其他歐盟國家。從地理位置來看，和英國一海之隔的法國、荷蘭，為理想的候補基地，但因英法存在歷史恩怨之故，荷蘭脫穎而出，成了最佳選擇。

POINT 1 阿姆斯特丹　外國移民增加

首都阿姆斯特丹的商業環境、交通網絡俱佳，房價漲幅最大，但由於低總價的房源短缺，首次購屋的年輕人基本上很難入手，出現了出走潮，不少家庭寧可花時間通勤，也要住在郊區較大的房子裡。雖然本地人不斷流出大城市，但都市人口仍持續上升，主因在於移民增加，因此租金投報率可達5％。外國投資人更是看好英國脫歐，荷蘭房地產將受惠，大舉投資商辦及飯店，因應即將到來的企業搬遷潮。

POINT 2 鹿特丹、海牙　優質居住環境

鹿特丹房價比阿姆斯特丹便宜，因此吸引中國、俄羅斯富豪搶買。根據歐盟調查，鹿特丹是荷蘭最快樂的城市，無論在就業機會、大眾運輸、公共空間等方面，都令民眾相當滿意。而國際法庭所在地海牙，同樣具備吸引外國投資者的良好條件，當地亦是荷蘭的政治中心，匯集重要政府機關及外國大使館。在嚴肅的政經環境中，同時又擁有多座博物館，洋溢文藝氣息，享有優質的居住環境，投報率約6％。

受惠於英國脫歐，荷蘭阿姆斯特丹成為企業搬遷的首要選擇。

OUR VISION 亞太觀點停看聽

▪ 荷蘭經常被拿來和台灣相比，因兩國面積、人口差不多，都極度仰賴對外貿易。不過荷蘭本身擁有多家世界級企業，且為全球第二大的農業出口國，僅次於美國；加上 9 成以上國民會講英文，深具國際觀，整體經濟條件良好，近幾年房價狂飆 70%，拉抬租屋市場同步上揚。

▪ 對台灣投資人來說，荷蘭雖非主流的房地產市場，但當地的生活品質不輸英法等其他歐洲國家，物價卻較為便宜，值得有移民打算的投資人列入口袋名單。

▪ 想追求穩定租金收益者，更可考慮荷蘭房產，當地除了政經穩定外，購屋享有與荷蘭人相同的永久產權，是很大的誘因。

INFO 房地產即時通

全國人口

1700 萬

阿姆斯特丹租金投報率
市中心 **5.31**% 市中心外 **6.15**%

所有權形式（土地.建物）
荷蘭除了阿姆斯特丹和烏特列支市區外，其他大部分地方買房者都是連同土地一起成交的，業主對房屋和地籍擁有永久產權。

外國人購買限制
海外投資者需在位於自己本國的荷蘭會計公司開具聲明，其中需要明確表明投資資金不是來源於非法渠道。在荷蘭，房屋貸款本國人是零首付，外國人是首付 10%（包含持荷蘭 ID 的新移民，具體還要根據房屋的狀況和銀行去談），房屋交易成本占大約 10%。

阿姆斯特丹房價平均值
在市中心購買公寓的價格：

7475 USD/ 平方米

在市中心外購買公寓的價格：

4321 USD/ 平方米

數據資料來源：Numbeo.com

各交通樞紐房市暴衝

CHINA 中國
一帶一路旺市

人口高達 15 億的中國，民眾自住需求，加上外商租賃，一級城市的房地產火紅。儘管地方政府祭出限購、限貸等調控手法，仍擋不住華人「有土斯有財」的觀念，加上官方管控海外房地產投資，在資金無法流出下，使得國內房市持續暢旺。

POINT 1 海陸絲路交會　成都持續看漲

　　成都是內陸城市，自古就是南方絲綢之路起點，在「一帶一路」政策中，成為陸上絲路的交會點，牽動中國西向國際貿易。全長將近一萬公里的蓉歐快鐵開通後，從成都運送貨物至歐洲波蘭僅需 12 天左右，日後還計畫載客，不論是貿易或旅遊，成都扮演著歐亞交通樞紐。

　　據估計，成都長住與流動人口已突破 2 千萬人，光是從 2016 至 2017 年，房價已翻漲 2、3 倍，目前店面或辦公室的租金投報率約 4% 至 6%，住宅則稍低，但從人口數來看，房市後勢看漲。

POINT 2 東協之窗加持　南寧排隊搶房

　　南寧則位處海上絲路節點，是中國唯一臨邊又臨海的省會城市，且為東協的永久會址，每年東協各國與中國領導人都在此開會，「東協之窗」的重要性不言可喻。以南寧為核心的「北部灣經濟區」，更是繼珠江三角洲、長江三角洲、渤海灣後，中國欲打造的第四個沿海經濟區。諸項利多，使得南寧房市暴衝，出現排隊搶房盛況。

中國成都為南方絲路起點，是重要的歐亞交通樞紐，房市後勢看漲。

OUR VISION 亞太觀點停看聽

- 官方政策是影響中國房地產的最大因素有意前進中國的台灣投資人，一定要了解當地政策風向。

- 選擇投資區域時，若一線城市已發展成熟，水滿了會往旁邊溢，不妨在二、三環尋屋，可買到坪數較大的產品，周邊若有重大建設，增值空間更大。

- 中國投資市場向來熱絡，要注意是否供不應求，較易轉手。

獨家
OUR SERVICE 亞太獨家服務

1. 亞太在中國不只代銷住宅，也提供店面、商辦等產品，先從成都與南寧開始發展，未來不排除擴點。

2. 亞太看好「一帶一路」交通要衝的四川省成都與廣西省南寧，並在當地設立營運中心，在地深耕，從房價、租金、稅法到政策，做詳盡的市場調查，推薦給消費者最好的產品。

INFO 房地產即時通

全國人口
13.9 億

成都租金投報率
市中心 **2.55**% 市中心外 **5.5**%

所有權形式（土地.建物）
中國的所有土地歸國家所有，中華人民共和國憲法允許土地使用權可以轉讓，分配，出租和抵押。土地使用權可以通過談判協議，拍賣或招標方式獲得。房地產開發的土地使用權通常為 40 至 70 年。

外國人購買限制
對外商購買上海和北京的住宅，商業，旅遊，娛樂或金融服務的房地產沒有限制。允許外國投資者投資當地住宅項目。

成都房價平均值
在市中心購買公寓的價格：
2855 USD/ 平方米

在市中心外購買公寓的價格：
1190 USD/ 平方米

數據資料來源：房天下

優質才值得信任！

張元旭
副理事長

／中華不動產仲裁協會 副理事長
／前內政部地政司 司長

交易資訊與正確交易安全至為重要

在各種主客觀因素影響下，國人海外置產的情形日益增加，其中大多數以投資為目的，考量重點固然在報酬率的高低，但由於各國對外國人購買其不動產的制度及法律均非國人所熟悉，不動產交易風險遠高於國內置產，尤其一旦發生交易糾紛更難處理，因此交易安全更加顯得重要。

首先，購買海外不動產一般都經由仲介或代銷業者提供服務，因此選擇合法業者是保障交易安全的第一步。對此，內政部針對業者行銷廣告、資訊說明、定金報酬收取、契約簽訂、糾紛處理等都列有詳細規範，業者自應依據此規範來提供資料，以供投資者詳細檢視交易物件的風險。其次，由於土地都是各國視為影響國家安全與民生安定非常重要的資源，對外國人投資購買土地莫不抱有既期待又怕受傷害的情結，內政部地政司網站的「外國人在我國取得土地權利互惠國家一覽表」有分別列出「完全平等互惠」、「附條件平等互惠」及「非平等互惠」等3類的國家名單，國人投資其中屬於非平等互惠國家的風險，需進一步深入與了解。總之，交易資訊完整與正確關係交易安全至為重要，其中各國對外國人投資不動產法律的深入研究更屬關鍵，期盼產官學能積極合作早日予以充實。

游世一　理事長
／台北市不動產土地開發都市更新協會 創會理事長
／寬頻房訊科技股份有限公司 董事長

秉持合法、安全、安心的態度

亞太國際地產，是您海外置產、投資理財的好夥伴，所謂「道不遠人，人之為道而遠人，不可以為道」，亞太地產從2011年成立至今，一直秉持合法安全、專業安心、做事用心的態度，立足在群雄割據的海外不動產市場不搖，就是從一而終，秉持著這珍貴的商道精神。

不動產是許多人一輩子的夢想，動則百萬、千萬的交易金額，只有能讓人安心、放心的服務，才有下一步決定要不要買，亞太國際地產是我從事房地產三十幾年來，在許多品牌起起落落中，看見少數仍秉持著商道精神的專業公司，亞太這幾年的耕耘，

已跨足14個國家，26個城市，從開發、評估、購地、建築、軟硬體設置、物業管理、售後服務等，親力親為是有目共睹，亞太的這份努力及堅持，是令人相當敬佩及尊敬。亞太國際地產是我推薦的海外不動產第一品牌，買海外不動產我選擇亞太，相信您也會和我一樣愛上亞太。

游世一

  郭子立　理事長
／台北市不動產仲介經紀商業同業公會 理事長
／中華民國不動產仲介經紀商業同業公會全國聯合會 副理事長

正確充分的資訊，減少不動產交易糾紛

首先，要在此祝賀亞太國際地產出版《亞太國際地產專刊》順利成功！由於國內房市景氣低迷，加上相關房地產稅賦負擔沉重，市場上閒置的資金紛紛往外跑，在海外地產代銷業者良莠不齊，民眾又普遍缺乏風險意識之下，陸續出現了一些海外房地產的交易糾紛。

為此，內政部已在2016年12月5日訂頒「不動產經紀業從事國外不動產仲介或代銷業務規範」，要求國內不動產經紀業從事國外不動產業務時，無論在行銷廣告、不動產資訊的說明、定金和服務報酬等相關費用的收取、契約書的簽訂、交易糾紛的處

理等，都應遵守相關規定，提供民眾正確且充分的資訊，減少不動產交易糾紛，加強維護國人購置海外不動產的權益。

特別是「提供民眾正確且充分的資訊」這一項更是重要，亞太國際地產本著專業良知，編撰、出版《亞太國際地產專刊》，除了呼應政府的規範之外，也是投資海外房產者的福音，由於此中意義重大，子立特撰此短文加以推薦！

朱玟諺 理事長

/ 台北市不動產經紀人公會 理事長
/ 台北市不動產仲介經紀商業同業公會 副理事長

海外地產投資最佳的好幫手

近年來投資海外房地產已經蔚為一股潮流，但是很多投資者在「錢」進海外的時候，往往是一窩蜂卻沒做事前的評估，更沒有做足功課，因而近年來不斷衍生出一些交易糾紛。

要將大把的資金投入遠在天邊的海外，購屋者為什麼不做好事前的評估呢？最主要就是自身缺乏這方面的專業，加上身邊又沒有熟稔海外房地產投資專業且有經驗的朋友，當然就會被不肖業者耍得團團轉，最後結局是勞民傷財。既然自身沒有專業，那為什麼又不做足投資海外房產的功課呢？主要是市場中沒有充足的資訊可供消費者研讀與判斷。

如今耳聞台灣投資海外地產首屈一指的專家《亞太國際地產》要出版一本亞太國際地產專刊，讓購屋消費者終於有專業的人士來當好朋友，更有資訊豐富的專刊來讓大家仔細研讀，掌握海外房地產投資的最佳契機，此乃海外房地產的盛事值得大書特書，玟諺躬逢其盛，且能夠以台北市不動產經紀人公會創會理事長的身分，特撰此短文將此好書推薦給社會大家，希望大家投資海外房地產之前，都能人手一冊，當作你最佳的投資好幫手！

陳俊名 秘書長

/ 中華民國不動產國際代銷協會 秘書長

後續代租管售服務至關重要！

多年以前海外不動產投資屬於少數海外商務人士，或層峰投資人士涉獵的區塊，因為能取得的資訊有限、舉凡各國的不動產交易法規、稅務規範通常需諮詢跨國的律師、會計師才能探究其異。

不過，取得國外投資的規範也只是評估投資的第一步，還需要了解的問題還包括了國外當地的民情，是否排斥華人？長期的經濟發展與匯率波動？產權能取得部份或全部？持有登記的門檻限制？其次才是評估區域的行情、未來收益方式與評估增值動能，最後必須實際走訪當地考察才算完成投資的功課，更重要的是銷售服務的地產商是跨國企業還是一人公司？

關係到後續需要代租管理及獲利出場時不會找不到公司協助的窘境。

現在海外投資已成為顯學，投資海外並不困難、困難的是在投資當地有合法公司團隊做後續代租管售服務。中華民國不動產國際代銷協會為提升海外不動產交易安全與維護投資人權益、配合政府推動法案於105年頒布，輔導優良企業不遺餘力，相信亞太國際地產是您可以信賴的國際專業團隊。

GIFT

手機填問卷・亞太送好禮

掃一掃填問券

《問券範例》

您常使用的投資理財工具?

☐銀行定存 ☐外幣存款 ☐股票期貨 ☐基金債券

☐不動產 ☐黃金 ☐保險 ☐互助會 ☐無

若有資金投資海外地產,您預期的希望是?

☐財富增值 ☐租金報酬 ☐營業自用 ☐留學 ☐移民

您最在乎的海外地產優勢條件?

☐未來5~10年GDP指數 ☐國家政策 ☐交通捷運 ☐區域環境

☐房價漲幅 ☐租金報酬 ☐ 其他

您心目中的理想的投資標的國家?

☐馬來西亞 ☐菲律賓 ☐泰國 ☐柬埔寨

☐越緬 ☐印尼 ☐中國 ☐日本 ☐英美 ☐紐澳 ☐其他

您了解投資海外地產之獲利與風險嗎?

☐非常了解 ☐有一點了解 ☐不太了解

⋮

您填完問券確認送出

我們確認無誤後將提供禮品兌換券給您!

亞太國際地產保有贈送禮品兌換券最後決定權!

www.estateap.com